Memorias de un misionero jesuita en Pucará

José María Carreras, S.J.

2ª edición

Título original: *Mis memorias* (José María Carreras, S.J.)

© 2024 de la edición, Ediciones More

Edición al cuidado de Pablo Gutiérrez
Maquetación y diseño de la cubierta: Pedro Coronado
Fotografía de la portada: *Iglesia de Santa Isabel* de Pucará,
de Carlos Cutipa González, utilizado según los términos
de la licencia Creative Commons Attribution-Share Alike
4.0 International
https://creativecommons.org/licenses/by-sa/4.0/
La fotografía original ha sido recortada para adaptarla a la
forma de la cruz
Impresión: Estugraf, S. L.

Estaremos muy agradecidos si nos comunica cualquier error
que encuentre en este libro. Puede escribirnos a la siguiente
dirección: info@edicionesmore.es

ISBN: 978-84-943207-0-5
Depósito legal: M-29946-2014

ÍNDICE

IN MEMORIAM

Esta breve biografía del autor fue publicada en la página web https://inmemoriam.jesuitas.pe/
Agradecemos al P. Gonzalo Benavides, S.J., la autorización para su publicación

El P. José María Carreras nació en Madrid el 28 de diciembre de 1919. Su padre era médico y formaban una familia numerosa de 12 hermanos. Eran de origen catalán por lo cual consignó el catalán, junto al español, como lengua materna. Estudió la secundaria en el Colegio de los Marianistas de Cádiz. Al iniciarse la Guerra Civil en 1939 se alistó al ejército nacional y combatió los primeros meses en la campaña de Extremadura, un frente de especial virulencia dentro de aquel conflicto armado. Fue desmovilizado después de esta campaña en atención a que varios de sus hermanos también estaban enrolados. Ésta fue una dura experiencia en su vida que rara vez mencionaba. De 1942 a 1947 estudia Ingeniería de Caminos en ICAI donde conoció a la Compañía de Jesús. En su último año de carrera tomó la decisión de ser jesuita mientras hacía las prácticas de ingeniería en la construcción de una represa en una zona rural del norte de España.

Ingresa en el noviciado de Aranjuez en 1948. Hizo el Juniorado en Aranjuez y la Filosofía en Madrid (1952-1955). Cumplió su etapa del magisterio (1955-1956) como profesor de matemáticas y física en ICAI. Finalmente estudia la Teología en Oña y Granada (1956-1960) siendo ordenado sacerdote en 1959 en Madrid. Completó su formación en 1961 cuando finalizó la Tercera Probación en Murcia. Pronunció los últimos votos en Puerto de Béjar, Salamanca en 1965.

Sus primeros destinos apostólicos, entre 1961 y 1967, tuvieron continuidad al trabajo realizado en el magisterio siendo profesor en ICAI y en el Colegio de San José de Villafranca de los Barros. Ya desde entonces mostró un gran interés por el diálogo entre teología y ciencia. Mientras era capellán el Colegio Nuestra Señora de África en Madrid escuchó por boca de Monseñor Hornedo la urgente necesidad de sacerdotes en el Vicariato San Francisco Javier y se ofreció a venir al Perú como misionero. Llegó en 1967 para incorporarse al Vicariato como párroco de Pucará. Durante siete años atendió esta parroquia y sus caseríos. Estas experiencias pastorales están reflejadas en el libro «Memorias de un misionero jesuita en Pucará».

En 1974 es destinado a la comunidad de San Pedro en Lima donde vive hasta 2009. Los primeros años los dedica a preparar un doctorado que defiende en 1980 en la Pontificia y Civil Facultad de Teología de Lima. En todo este tiempo su misión estará centrado en dos ámbitos: intelectual y pastoral. Se desempeña como docente en la Facultad de Teología de Lima y otros institutos superiores como ESEC e ISPEC y, por temporadas, y hasta el año 1984, en el Seminario San Luis Gonzaga de Jaén. También escribió varios artículos y libros sobre Teología y ciencia. En cuanto a su trabajo pastoral mantuvo una colaboración ministerial constante en el templo de San Pedro.

En 2009 pasa a vivir a la Enfermería Provincial para tener un mejor cuidado de su salud. Falleció de forma apacible el 16 de noviembre.

José María Carreras era un hombre siempre afable, de buen humor y acogedor, al que acompañó casi toda su vida un frágil estado de salud del que tenía una sana capacidad de relativizar. Era un hombre de Dios dotado de gran inteligencia y gran capacidad de servicialidad.

Demos gracias a Dios por su vida ejemplar, de entrega apasionada al Señor, anunciando siempre su Palabra, y la confianza en el cariño maternal de María.

INTRODUCCIÓN

Los recreos después de las comidas, comunes en la mayoría de los institutos religiosos, eran llamados «quietes», en la Compañía de Jesús, cuando entré en el noviciado. Han sido una sabia institución difícil de ser suplida. Mucho gocé en las «quietes» a lo largo de mis años de vida religiosa. Escuché en ellas muchas cosas, aprendí a conocer a mis hermanos y a estimarles más. Gocé, sobre todo, del placer incomparable de poder charlar a mis anchas y de tener quien me escuchara. Este fue un placer al que tuve que renunciar durante años en mi solitaria estancia en Pucará, a unos noventa kilómetros del jesuita más cercano. Y en aquella zona no había otros religiosos ni sacerdotes que los jesuitas. En verdad, el lugar en que me colocó la obediencia me obligó a tragarme muchas cosas que no pude contar y cuyo espacio normal de expresión era la «quiete». Soltar una parte, aunque sumamente incompleta de todo eso, es una de las finalidades de este escrito.

Pero este escrito obedece también a otra razón. Incluso en la misión gocé no pocas veces de la compañía de una comunidad acogedora en la que pude explayarme ampliamente. «Tendrías que escribir todo eso», me dijeron más

11

de una vez. «Deberías escribir tus memorias», me decían otras. Este escrito no aspira a tanto. Por muchas razones, que muchos conocen, escribir unas memorias no es cosa fácil. Pero sí era posible recoger una serie de recuerdos que son como pedazos de conversaciones que podían haberse tenido en las «quietes» y formar con ellos una especie de mosaico. Esto es lo que he hecho aquí.

No es fácil escribir como se habla, y confieso que, a veces, he cuidado demasiado el estilo cuando debería haber sido más natural. Tal vez me he encumbrado demasiado y toda afectación es mala. El lector sabrá disculpar.

Al escribir estas cosas, me ha parecido, más de una vez, que perdía el tiempo. Tal vez haya sido así. Sírvame de disculpa que, sea por mi salud, sea por otras razones, no tenía oportunidad de hacer otras cosas que yo hubiera deseado más hacer. Por otra parte, también el descanso es bueno. El yahvista no tiene reparo es presentar a un Dios que es pura actividad descansando después de haber realizado su obra. San Ignacio no se avergüenza de la imagen de un jesuita que se permite el lujo de descansar durante dos «quietes» al día. Este es el sentido de estos recuerdos: una «quiete» un poco larga, después de unos años de trabajo. «Los cielos proclaman la gloria de Dios», dice bellamente el salmista. Quisiera yo que, en lo que voy a decir, hubiera algo que, como los cielos, proclamara tan bien la gloria de Dios en medio de esta serie de anécdotas, observaciones y recuerdos.

I. UN PUEBLO QUE SE SUMERGE

Cuando terminaba el cuarto año de carrera en la Escuela de Ingenieros de Caminos, el señor García Sola, director general de Obras Hidráulicas, hizo a todos los alumnos de mi clase un ofrecimiento interesante. Se trataba de pasar el verano en un pantano en construcción, con todos los gastos pagados y una pequeña gratificación al final. La proposición no fue aceptada por todos. Algunos trabajaban ya en la oficina de proyectos de alguna empresa, otros tenían ya su plan para el verano; pero fuimos un buen grupo los que aceptamos. La mayoría fueron destinados, de dos en dos o de tres en tres, a grandes pantanos. Pronto comenzaron a llegarme sus cartas optimistas que hablaban de sus conversaciones y excursiones en bote con las hijas de los ingenieros, y me compadecían por mi soledad. Porque a mí me destinaron, solo, a un pequeño pantano en construcción, en un lugar tan bello y pintoresco como aislado. Se trataba del pantano de Linares del Arroyo, al norte de la provincia de Segovia, lindando con Burgos. No era fácil llegar a Linares del Arroyo, a pesar de que había un ómnibus directo desde Madrid. Había en aquel viaje una serie de cosas penosas: la dificultad de conseguir billete, el estado vetusto del ómnibus y lo largo del viaje. Después de cruzar Somosierra, se llegaba a la histórica ciudad de Sepúlveda, cuyas casas de caliza roja contribuían a crear un ambiente de hechizo que invitaba a quedarse allí. Después de una breve parada, proseguía el viaje atravesando los trigales bañados de sol de la meseta castellana. Entrada ya la noche, cuando algunos comenzaban a dormitar, el ómnibus se detenía en un pequeño pueblo, y los que lo conocían exclaman: «¡Linares!»

A mi llegada me esperaba un funcionario de la Confederación Hidrográfica del Duero, un hombre de unos cincuenta años, grave y afable que, a pesar de mi resistencia, se apoderó de mi maleta y me acompañó a la casa de los ingenieros. Era una casa grande y muy bien construida, a unos diez minutos del pueblo, siguiendo aguas abajo la corriente del río. Vivían allí dos familias, el ingeniero y su esposa con dos niñas pequeñas, y la familia numerosa del ayudante de Obras Públicas, el señor Espejo. A mí me fueron asignadas, para vivir, dos habitaciones cómodas e independientes. Las comidas las hacía en la fonda del pueblo, lo cual me permitía conocer mucha gente y alternar con ella. El camino de la fonda a la casa de los ingenieros, junto a la presa del pantano, iba junto al río. A ambos lados se levantaban dos altísimos acantilados de rocas calizas y dolomías, con muchas cuevas naturales y altos peñones donde anidaban gran cantidad de buitres de gran tamaño. Revoloteaban continuamente sobre el río y bajaban mucho. Tanto que yo iba siempre provisto de un sólido bastón por si me tenía que defender; pero no tuve que usarlo nunca, pues los buitres guardaban perfectamente la distancia. Era un espectáculo pintoresco. Mis trabajos en Linares del Arroyo no me quitaron el sueño; y en verdad, esto no me preocupaba mucho, pues me permitió alternar con no pocas personas del pueblo y con los veraneantes. Había una nutrida población de veraneantes modestos que venían a tomar las aguas del pueblo. No existía allí ningún balneario, pero las aguas de Linares del Arroyo eran muy buenas para las enfermedades del riñón, bondad tal vez acrecentada por la gran fe de quienes venían a tomarlas.

Los veraneantes se lamentaban de que iban a perder pronto aquellas aguas, pues Linares del Arroyo estaba condenado a desaparecer, cuando el pantano estuviera terminado. Todo el pueblo iba a quedar inundado y la parte más alta de la torre de la Iglesia, situada en una pequeña altura que dominaba al pueblo, iba a quedar muchos metros por debajo del nivel del agua. Se había indemnizado generosamente a quienes iban a perder casa y tierras. Se había construido un pueblo nuevo en la comarca burgalesa de La Vid y allí se habían asignado a los habitantes de Linares del Arroyo unas tierras de reconocida fertilidad. En lo material, la Administración iba más lejos de lo que pedía la estricta justicia, compensando así, de algún modo, las perdidas espirituales que no se pueden compensar. El caso es que los días de Linares del Arroyo estaban contados. Me hice muy amigo de don Rufino, el anciano párroco a quien ayudé en muchas misas y a quien acompañaba los domingos en su vieja tartana, a un anejo llamado Maluque, donde celebraba su segunda misa. Don Rufino me contaba muchas cosas de su seminario, de su juventud y de un viaje que, recién ordenado, había hecho a Tierra Santa. Tres virtudes destacaban en don Rufino, su amor a la Biblia, su amor a los pobres y su confianza en Dios. Por aquellos días la estaba ejercitando plenamente: «¿Qué será de mí ahora?», se preguntaba. «¿A dónde me va a mandar el señor obispo?» Y él mismo se daba la respuesta diciendo lleno de convicción: «Dios cuidara de mí».

Entre mis amistades estaba también un teniente de infantería, casi de mi edad, llamado Longinos, y el maestro de pueblo, don Aníbal, algo mayor que yo, siempre enlutado y desconsolado por la muerte de su madre, a pesar de que había transcurrido ya mucho tiempo. En su conversación comenzaba muchas veces diciendo: «Cuando vivía mi pobre madre, que en paz descanse...» Sin embargo, no era don Aníbal un aguafiestas, sino un compañero ameno y culto que, en sus ratos libres, estudiaba filosofía y letras. Era, sobre todo, un buen amigo, y su mismo tono melancólico no le caía del todo mal.

El ingeniero que dirigía las obras, después de enseñarme detenidamente la airosa presa de gravedad que estaba casi a punto de ser terminada, puso en mis manos el proyecto de la misma. Al estudiarlo, me llamaron la atención sobre todo dos cosas: la intuición certera con que se había escogido el emplazamiento de la presa, y la antigüedad de aquel proyecto que debiera haber sido construido muchos años antes.

Me sentí muy honrado por la amistad del ayudante, el señor Espejo y de toda su familia, que era una familia muy cristiana. Salía con frecuencia con sus hijos muchachos y me bañaba con ellos en el río.

Cuando atardecía, toda aquella región parecía emparse de una gran serenidad de la que yo me sentía contagiado. Comenzaba a cantar una multitud innumerable de insectos de todas clases, y yo gozaba plácidamente de aquel concierto cuya armonía infundía suavemente en el alma la idea de que detrás de todo aquello había un misterioso director de orquesta, que procuraba que no desafinara ningún instrumento. Especialmente en las noches de luna, todo invitaba en Linares del Arroyo a contemplar la naturaleza y a vibrar con ella.

En medio de la soledad, y en las horas de silencio de Linares del Arroyo, se fue haciendo para mí la luz sobre un problema que llevaba meditando durante años: ¿tenía yo o no tenía vocación para la Compañía de Jesús? Sin saber cómo, un día me sentí decidido a entrar en ella, en cuanto de mí dependiera y despejar así la incógnita. Esta idea me lleno de gozo; y comencé a preparar las razones que le daría a mi director espiritual a mi llegada a Madrid, para que me diera luz verde. Terminó por fin aquella experiencia enriquecedora; y un día luminoso, emprendí mi viaje de regreso a Madrid. Todo parecía nuevo. El ómnibus que nos llevaba parecía de antes de la guerra, y si no era completamente nuevo era, por lo menos, un ómnibus digno. Los mismos viajeros parecían ir mejor vestidos. Nadie viajaba de pie y hasta sobraba algún asiento. En aquellos tiempos no podía pedirse más. Mientras el ómnibus devoraba kilómetros y kilómetros, iba yo repasando mentalmente el razonamiento que le iba a soltar dentro de pocos días a mi director espiritual; y me pareció irreprochable. Al llegar a Sepúlveda, las viejas piedras de sus edificios me parecieron más hermosas que nunca. Pero esta vez no sentí deseos de quedarme.

Hoy, Linares del Arroyo ya no existe. Los peces se pasean por las que fueron sus calles. Y la torre de la iglesia, de aquella iglesia en la que tantas misas ayudé a don Rufino, está muchos metros por debajo del nivel del agua. Surcan las embarcaciones por encima sin que nadie se acuerde de lo que fue aquel pueblo que hay al fondo. Más de una vez me he preguntado por qué se retrasó tanto la construcción de ese pantano, estando como estaba su proyecto tan bien hecho. ¿Cuáles fueron las razones por las que estuvo tanto tiempo durmiendo en los archivos del Ministerio de Obras Públicas? Pienso que existe una razón teológica que es la que a mí me interesa. Me gusta pensar, y creo que no ando lejos de la verdad, que Dios, en su providencia, retrasó la ejecución de las obras para darme a mí una oportunidad, y pudiera yo darle mi «sí» confiado y gozoso en medio de la serena y armoniosa soledad de Linares del Arroyo. Por eso, todo lo que me ha sucedido después está iluminado por la luz que brilló en Linares del Arroyo, ese pueblo que fue y hoy duerme debajo de las aguas de un pantano.

II. LA TÉCNICA

Cuando terminé la tercera probación soñaba con un futuro rico en ministerios sacerdotales y trato espiritual con las almas. Pero mi provincial tenía otros puntos de vista. Mi misión, según él, era ganar, para la Iglesia, el mundo de la técnica. Me destinó al Instituto Católico de Artes e Industrias. De nada sirvió que yo le comunicara mi escepticismo sobre mis posibilidades de hacer avanzar la investigación científica y técnica en un centro de enseñanza como aquel. Tanto más después de doce años sin usar la regla de cálculo ni nada semejante. Yo tenía una base matemática y, sobre ella, podía edificar lo que fuera necesario. «No tenga dificultad en ir al extranjero, donde haga falta y gastar en su preparación el tiempo necesario, dos, tres años», me dijo con gesto generoso. Más adelante pude comprobar que esta invitación no era operativa, aunque contara con la aprobación del provincial. Había otros factores que la hacían muy difícil y yo, por otra parte, tampoco me empeñé mucho.

Al aceptar mi destino, tenía la firme persuasión de que mi provincial se equivocaba. Pero recibí este destino con alegría. Me bastaba con saber que ésta era la voluntad de

Dios y de mi provincial, hacia el cual sentía un sincero afecto. El que él se equivocara o no, era algo completamente secundario. La técnica no me interesaba gran cosa, es verdad, pero no me iba a costar mucho trabajo hacer que me interesara. En la biblioteca de la Escuela de Ingenieros Electromecánicos, encontré magníficos libros extranjeros, claros y modernos y pude elaborar mis apuntes de Termodinámica y de Motores de Combustión Interna, que eran las asignaturas que me habían caído en suerte. Pero me faltaba la práctica, necesitaba saber lo que es un motor y experimentar el olor del gasoil y de las manchas de grasa. El padre Sánchez Blanco, que era el prefecto de estudios, me sugirió el trabajar una temporada como obrero en la empresa Pegaso, S.A. La entrada fue muy fácil, pues era entonces el director de la misma Claudio Boada, íntimo amigo mío y de mi familia. Me envió su propio Seat 1400 para recogerme, me dedicó media hora para enseñarme la factoría y me dejó en manos del director técnico, quien me trazó un plan de trabajo de aproximadamente un mes: taller de montaje, bombas de inyección y laboratorio de pruebas, fueron las etapas de mi aprendizaje. Donde más gocé fue en el laboratorio de pruebas, ensayando aquellos magníficos motores *Leyland* y midiendo los distintos puntos de las curvas de potencia y de consumo. Hice tales progresos que pronto me dejaron la dirección de un banco de prueba. Un día me presentaron a un universitario alemán que deseaba aprender a manejar el banco de pruebas, y le comencé a enseñar a tomar los puntos de las curvas. El ruido de los motores obligaba, a veces, a entendernos por signos. En un momento dado le escribí una fórmula en un papel. «¿Es usted ingeniero?», me gritó. Y con la cabeza contesté afirmativamente. Era un muchacho curioso, interesado en problemas de energética de los que más tarde pude darle algunos datos. Al terminar nuestro trabajo nos dirigimos al vestuario. Al quitarnos el mono y verme poner la sotana se sorprendió mucho, como esperaba yo ya. «Pero usted, ¿qué es, sacerdote o ingeniero?». Le contesté que las dos cosas y le expuse mi situación. Le pregunte su opinión:

—¿A ti te parece mal que siendo sacerdote me dedique a dar clases de Termodinámica y de Motores de Combustión Interna?

—¡Oh, no! —me contestó— pienso que puede hacer usted mucho bien a los alumnos y es una cosa hermosa.

Las clases no fueron problema, ni las prácticas de laboratorio. Me nombraron del Consejo Técnico del centro y discutí, con los profesores más vinculados a nosotros, planes de estudio, que comparábamos con los de los centros análogos del extranjero. Mi amistad con el padre Mataix me hizo intervenir con él, en algunos puntos, en la colosal reforma que hizo del laboratorio de motores con un nuevo edificio lleno de maquinaria moderna adquirida en Estados Unidos, Alemania Federal, etc... Asustado por la magnitud de esta obra, me limité a ayudarle modestamente sin querer asumir ninguna responsabilidad.

En el ICAI trate mucho con el padre Dou que, al ser destinado a nuestra comunidad, elevó el nivel científico y el prestigio de la misma, en sí ya elevado. Me orientó en mi afición a la lógica formal de la que había hecho un curso en los Estados Unidos, creo que con Church. Me prestó el Mendelsohn, uno de los libros mejor escritos sobre lógica formal y muy moderno. En dos años que pasé en el Colegio de Villafranca de los Barros, antes de reintegrarme al ICAI, escribí dos artículos sobre este tema en nuestra revista *Pensamiento*[1], sin tener ningún libro que consultar. Fue muy grande mi sorpresa cuando, años después, encontré uno de ellos citado en la bibliografía del artículo de la palabra «lógica» en la enciclopedia *Sacramentum Mundi* traducido a los principales idiomas. Vi con estupor que mi nombre figuraba al lado del de los matemáticos más geniales del presente siglo como Bertrand Russell, David Hilbert, etc... Fue Dou también quien me proporcionó dos cursillos sobre este tema en la Facultad de Filosofía de la Universidad de Comillas, a los alumnos de doctorado. Tuve un público muy selecto de sacerdotes que hicieron muy agradables para mí estas clases. También fue Dou quien me invitó a ir con él a la Reunión Nacional de los Matemáticos Españoles que se celebró en Valladolid. Me sugirió que presentara una comunicación de lógica formal con lo cual me iban a pagar mil pesetas y me llevó en su auto. Dou me presentó a muchos de los asistentes entre los que había eminencias y promesas para el futuro. Dominaba la figura del profesor

---

[1] Se trata de *Pensamiento. Revista trimestral de investigación e información filosófica publicada por las facultades de Filosofía de la Compañía de Jesús en España*. El primer artículo se llama «Lógica del lenguaje y Metafísica», en el vol. 21, núm. 83 (julio-septiembre 1965), pp. 293-323; el segundo artículo es «El argumento de la contingencia y la lógica moderna», en el vol. 22, núm. 86 (abril-junio 1966), pp. 131-155 (N. del E.).

Abellanas, de la Universidad Central, que era el centro de la reunión. Diríase que Dou le seguía en prestigio y en popularidad. Escuché comunicaciones muy interesantes durante tres días y pude comprobar que no entendía mucho de la mayoría de las materias. Por un error me designaron a mí para el final y mi comunicación fue escuchada con especial interés, en gran parte, por ser la última, diciendo en la introducción: «Voy a ser muy breve», cosa que realmente cumplí. Dou me había enseñado el formalismo más elegante en que debía expresarme. Y la formulación con que llené rápidamente la pizarra produjo una cierta sensación. Cuando bajé del estrado, el profesor Abellanas me dijo amablemente: «Caramba, padre, ¿con quién ha estudiado usted lógica formal?» Fuimos enseguida a visitar rápidamente el Archivo de Simancas y luego nos dirigimos a Tordesillas, donde nos esperaba el almuerzo final, en el parador de turismo en donde se habían visto por primera vez los Reyes Católicos. Al llegar allí, vino a buscarme Dou muy regocijado: «El profesor Cascante, de la Universidad de la Laguna, quiere conocerte y hablar contigo. Le ha interesado tu comunicación de lógica formal». Era un profesor joven, entusiasta y de gran vitalidad, y comenzó invitándome a una cerveza que acepté encantado: «Bueno —me dijo— he visto que usted es muy formalista. Yo también lo soy, pero no tanto como usted». Intercambiamos nuestros puntos de vista; me pidió los datos del libro de Mendelsohn y me facilitó los de un libro ruso traducido al francés que adquirí al llegar a Madrid. Su autor era Novikov. Era un gran libro que no cedía en formalismo ni en rigor lógico ante ninguno.

Sin embargo, escamoteaba un poco los nombres de los grandes autores no rusos haciendo destacar a sus compatriotas más de la cuenta. En el almuerzo, caí al lado de un matemático de la Universidad de Zaragoza que estaba realizando unos interesantes trabajos sobre las estrellas dobles. Le hice muchas preguntas sobre el tema, y se extendió largamente sobre él.

Por aquel tiempo, fui destinado como capellán del Colegio Universitario de Nuestra Señora de África, en la que los alumnos negros de Guinea y de Fernando Poo, y de otros países africanos, vivían junto con otros universitarios españoles. Vivíamos allí seis jesuitas y mi labor con los jóvenes fue muy interesante. Pude apreciar la profunda religiosidad de los negros, educados, muchos de ellos, por los hermanos maristas y otros por los claretianos. En más de uno se veía ya el futuro líder político; pero, lamentablemente, los acontecimientos por venir truncaron su carrera. Muchos de estos muchachos ni siquiera pudieron volver a su país cuando este alcanzó la independencia, pues allí su vida hubiera peligrado. Entre mis amigos había bubis de Fernando Poo, cuya falta de salud me ocasionó no pocos trabajos, pues yo era el capellán. Había también preclaros representantes de los fang, de cuya tribu se sentían muy orgullosos. Aparte del apostolado con los alumnos, nuestro colegio mayor recibía continuamente huéspedes ilustres y en nuestra mesa se hablaba hoy en francés, mañana en inglés, aunque nunca se habló en alemán, que yo recuerde. Nos visitaron célebres antropólogos franceses y españoles, algún que otro político o sociólogo norteamericano, pero, entre los huéspedes ilustres, descollaba el doctor Senghor, médico negro de mi misma edad, sobrino del presidente de la República del Senegal, que estuvo más de una semana viviendo con nosotros. Había recorrido un montón de países y tenía todas las virtudes de un negro africano, paciente, observador, claridad de ideas, visión de lo concreto. Era un buen católico y muy amante de las costumbres de su país. Conversó mucho conmigo y en una interesante mesa redonda con los alumnos y la dirección del Colegio Mayor, respondió con especial sensatez a los problemas de más actualidad, la segregación racial en los Estados Unidos, y los matrimonios entre blancos y negros en terreno africano.

Hacía pocos días que me había reintegrado a la comunidad de Areneros cuando nos visitó monseñor Hornedo que era entonces prefecto apostólico de la misión del Marañón. Al final del recreo, hizo una alusión a lo bueno que sería que alguno de los padres de allí quisiera irse con él a la misión; lo dijo medio en broma, añadiendo que comprendía que no era posible. Al terminar el recreo me sentí movido por una fuerza extraña y le seguí hasta su cuarto:

—Monseñor, ¿puedo hablar con usted?

—Claro que sí, hombre, pasa, siéntate. ¿Qué quieres?

—Monseñor, si yo pidiera ir a la misión, ¿usted me recibiría?

—¡Hombre! ¡Claro que sí!, no lo dudes. Pero no es fácil que te dejen. Bueno, fíjate, si vinieras, te daríamos un pueblo..., bueno un pueblo donde tú vivirías y luego varios pueblos para atender desde allí. Te vendrían a buscar en una mula, tú los visitarías, harías matrimonios..., ya verás, ya.

Al día siguiente, Monseñor me presentaba al padre asistente de España que acababa de llegar a Madrid, y le pedía presentara el caso al padre general. Semanas después, recibía una carta amable del padre asistente diciéndome que, después de oír a mi provincial, el padre general había decidido no hacer nada, de momento. Tal vez más adelante...

Y más adelante, apareció un día en nuestra cartelera de comunidad una carta del padre general dirigida a los profesores de colegios y universidades de España. Ponderaba la gran necesidad de sacerdotes que había en América y exhortaba a meditar si no harían mucho más fruto allá, aunque fuera por unos años, que en España. Quien quisiera podía dirigirse a él directamente. En la carta que yo le escribí, le ponderaba mis grandes posibilidades de adaptación. Su contestación fue muy positiva. No dudé de que había sido aceptado.

Cuando fui a despedirme del provincial me extrañó que me hablara del pueblo de Pucará, en la misión que él acababa de visitar, aunque él, en realidad, no sabía cuál iba a ser mi destino en el Perú.

Al bajar las escaleras del aeropuerto Jorge Chávez, lo primero que vi fue el fajín azul de monseñor Hornedo y al padre Garín. «Voy a la misión», pensé. El mundo de la técnica quedaba a muchos kilómetros de distancia y se me abría, como una promesa, el camino de la misión.

III. MI LLEGADA A PUCARÁ

—Vas a Pucará –me dijo el padre Ignacio Muguiro, compañero mío de teología, que estaba estrenando su cargo de provincial en el Perú. Se encontraba entonces estudiando con los padres norteamericanos la división de territorios que se iba a hacer. Y era tal la cantidad de reuniones en que le veía sumergido, que no me extrañó mucho que hubiera olvidado lo que me decía por carta de que iba a conversar largo y tendido conmigo, antes de decidir mi destino. Como se trataba de una cosa ya hecha, tampoco era oportuno recordárselo. En todo caso, yo estaba contento con mi destino, y aunque tenía cierto miedo, me sentía en las manos de Dios.

—Supongo que tendremos tiempo de hablar antes de que me vaya –le dije mientras estaba comiendo a su lado.

—No sabes cuánto me gustaría –me contestó– pero en estos días estamos en estado de reunión continua y va a ser imposible.

—Está bien –dije resignado– pero fíjate que, salvo mis ministerios de los domingos en Madrid, y las semanas santas en los pueblos, apenas sé lo que es una parroquia. Los pocos bautizos y matrimonios que he hecho, siempre me los han organizado los párrocos. Y ahora los voy

27

a tener que organizar yo. Y no tengo ni idea. ¿No tienes ningún consejo que darme tú que eres moralista?

—Sí. Uno muy sencillo. Nunca cases fuera de tu territorio. Dentro de él, casas válidamente. Todo lo demás, lo irás aprendiendo con el tiempo.

—Hay otra cosa, en mi vida he montado a caballo y tú has montado mucho antes de entrar en la Compañía. ¿Qué consejo me puedes dar sobre esto?

—También eso es muy sencillo. No metas nunca demasiado el pie en el estribo, para que, si caes al suelo, el animal no te arrastre; y sujétate siempre fuertemente con las rodillas. Ahí está todo el secreto de montar.

Como los protagonistas de los cuentos de niños, provisto de estos dos consejos y con dos sotanas suyas que me dio el padre Garín en el momento de partir, salía cuatro días después para Pucará. Llegue en un ómnibus de la empresa Morales, en medio de un buen aguacero, con una pesada maleta y con la vaga esperanza de que monseñor Hornedo se iba a reunir conmigo al caer la noche en el último ómnibus de Chiclayo. Teófilo, el empleado de las madres y un niño que se llamaba Rogelio, que vivía entonces en nuestra casa, me vinieron a recibir.

Había sido un viaje largo e impresionante. Toda una noche de Lima a Chiclayo donde habíamos desayunado después de celebrar misa; y luego, aquella ascensión a los Andes por el puerto de Porcuya y aquel descenso interminable, en un viaje en el que frecuentemente teníamos al lado los abismos más espeluznantes.

Fui a saludar a las religiosas que me invitaron a merendar en un rincón delicioso, junto a la puerta de entrada, convertido en jardín. Las columnas y las vigas pintadas de purpurina plateada hacían juego con las cucardas engalanadas de hermosas flores rojas. Estaban allí media docena de religiosas, con sus hábitos blancos, sentadas alrededor de un par de mesas. Unas corregían composiciones; otras cosían y otras escribían a máquina las complicadas planillas que el Ministerio de Educación exigía a todos los centros oficiales. Había ido yo a caer en el Colegio Nacional de Mujeres, llevado por las madres, que con la escuela parroquial que llevaba aneja y los otros dos centros análogos de varones, que no llevaban las madres, constituían las reservas intelectuales de Pucará.

—Ya verá usted, padre, lo que le espera en este pueblo –me dijo riendo la superiora, madre María Cabezas–. Más de la mitad de los padres de nuestras alumnas no están casados por la Iglesia. A nosotras, cuando llegamos aquí, nos quisieron pegar.

Tardé mucho tiempo en conocer todos los detalles de aquella historia rica en incidentes. La prefectura apostólica había conseguido un decreto ministerial, justo pero inoportuno que, para corregir la inmoralidad que reinaba en el Colegio Nacional Mixto concedía a aquellas buenas religiosas nada menos que la dirección del centro. En el acto en que ésta les iba a ser transferida, concurrían los padres de familia y gran parte del pueblo de Pucará. Mientras la futura directora del centro, madre María Cabezas, pronunciaba su discurso, fue interrumpida por la inesperada irrupción de un alumno de 4°, el cual manifestó que ni los alumnos ni las alumnas de aquel centro, en cuyo nombre hablaba, aceptaban a las madres, por ser mujeres,

29

religiosas y extranjeras. A esta señal un nutrido grupo de alumnos, empuñando botellas y algún otro instrumento agresivo, se dirigió hacia las madres, según parece, a pegarlas. La mitad de los asistentes estaban de su parte, y la otra mitad defendía a las madres. La alcaldesa de Pucará, una de las personas que más activamente había trabajado para traer las madres al pueblo, despachó inmediatamente un emisario al puesto de la Guardia Civil. Las madres fueron escoltadas hasta su casa donde permanecieron varios días bajo custodia; y los alumnos ocuparon el Colegio Nacional Mixto. Un nuevo decreto ministerial restableció la paz. El Colegio Mixto quedaba desglosado en dos colegios nacionales, uno de varones, que era el mixto anterior y otro de mujeres del cual se encargaron las madres. Poco a poco se fue restableciendo una relativa paz. Con los años se fueron suavizando las tensiones. Cuando yo llegué, quedaba todavía no poco por suavizar.

Cuando me despedí de las madres y entré en el despacho parroquial, me vi asediado por dos familias. Una me pedía un bautizo, y la otra me reclamaba un matrimonio diciéndome que incluso estaba ya pagado. Saqué una cajetilla de Ducados que aún me quedaba de España e invité a los hombres a fumar y a esperar. «Si no viene Monseñor esta noche, estoy perdido» –pensé. Pero antes de que pasara media hora, entraba Monseñor por la puerta, rebosando optimismo. Comencé a aprender cómo se entrevistaba uno con los novios y cómo se hacía el expediente. También aprendí todo lo relativo a los bautismos; pues la familia del niño era pobre, había venido de lejos y Monseñor bautizó al niño al momento.

Monseñor y yo cenamos alegremente en el hermoso comedor de nuestra casa que daba al río y a un hermoso jardín lleno de altos y frondosos árboles. Dentro de la casa había otro jardín más pequeño, con una palmera de plátano y un papayo, rodeado por lirios que a veces regábamos.

Aquella noche dormí en el cuarto que daba al río, donde los murmullos del Huancabamba opacaban todo otro ruido. Pero antes de irme a dormir, levanté los ojos al cielo estrellado de Pucará, y se me ofreció un cuadro sugestivo: cuatro estrellas, que formaban como una cruz, brillaban como diamantes en el cielo puro y sin nubes de Pucará: «¡La Cruz del Sur!» –exclamé extasiado. Muchas veces había sentido deseos de conocerla al leer las novelas de Julio Verne y en otras muchas novelas de aventuras, o cuando, en las noches de verano, mi padre nos enseñaba a distinguir las constelaciones. Estos deseos se habían acrecentado en un gracioso episodio de mi adolescencia, en el patio del colegio de San Felipe Neri de los marianistas de Cádiz. El director, don José Maeztu, nos había hecho formar a todos los alumnos en el patio, para presentarnos a un matrimonio venezolano, si mal no recuerdo, que había viajado, según nos decía, a España, con una misión cultural de estrechar lazos espirituales entre pueblos hermanos. Eran los señores de Venturino, que viajaban con una niña de unos diez años. Los alumnos de mi curso teníamos alrededor de catorce, y nos encontrábamos preparando, con gran trabajo, nuestro examen final de Preceptiva Literaria cuyo profesor exigía mucho. Por eso, nos quedamos estupefactos cuando nuestro director nos dijo, como de pasada, que aquella niña que teníamos ante nosotros, cuyas habilidades no suponíamos que pudieran pasar de jugar a las muñecas y saltar a la comba, era nada menos que una poetisa, y de una fecundidad tal que llevaba compuestos no sé si dijo más de dos mil poemas. Un murmullo de admiración se extendió por la concurrencia y comenzamos todos a aplaudir; y algunos reclamaron que la niña recitara alguna de sus poesías. Los señores de Venturino sonrieron comprensivamente. La niña hizo una gentil reverencia doblando las articulaciones de sus rodillas en un gesto de una gran distinción y de atención a todos nosotros, miró al infinito y dijo así:

—¡Oh, Cruz del Sur, cuando te miro...!

El tiempo me ha hecho olvidar el resto, pero no el hondo lirismo de aquella poesía que, hay que confesarlo, era muy breve. Nunca pensé contemplar la Cruz del Sur, y he aquí que, de repente, brillaba ante mí de una forma totalmente gratuita en el cielo puro de Pucará. Era como una persona a la que se ha conocido mucho de oídas y la conoce uno de repente. La impresión que me produjo fue satisfactoria.

Fue así como, arrullado por los murmullos del Huancabamba y protegido por la Cruz del Sur, dormí plácidamente mi primera noche en Pucará.

IV. UN PUEBLO CON ALMA DE CARRETERA

Si el alma es lo que da la vida al cuerpo, el alma de Pucará ha sido siempre, es, y será, su carretera, en la que ocupa el lugar del kilómetro 127, a partir de Olmos, que es donde empieza la subida a los Andes desde el lado del mar. Antes de tener esa carretera, Pucará era solo un grupito de familias y casas; ahora es un pueblo lleno de vida. Pocas especulaciones se han hecho allí sobre el ente, pero abundan los restaurantes donde el viajero fatigado, si no es muy exigente en cuestión de limpieza, puede reparar sus fuerzas y calmar su sed. Tampoco han sido descubiertos en Pucará ninguno de los grandes principios por los que se rige la humanidad; pero existe allá un puesto de la Guardia Civil donde se toma nota de la matrícula de todos los camiones que pasan, más de cien diarios, controlando celosamente que ninguno de ellos lleve mercancía sin la guía correspondiente.

Mientras Pucará exista, seguirán deteniéndose allí carros, camionetas y camiones, para descansar un rato, para comprar naranjas, chirimoyas y demás frutas, gallinas, pavos e inclusive algún chancho o cabrito. Pero cuando llegué yo a Pucará, su alma no era sólo la carretera, ni ninguno de los colegios nacionales o escuelas que sumaban, entre todos, una población escolar de más de 800 alumnos y alumnas. Es verdad que el edificio de la casa de las madres, con su colegio, internado, escuela parroquial, espacios y campos de juego, jardines y demás instalaciones, eran lo más atractivo de Pucará y lo que más llamaba la atención al visitante. Era como un oasis en medio del desierto. Como una flor que yo había visto crecer y abrir sus pétalos a lo largo de los años. Todo eso es verdad, pero en todo grupo humano es imprescindible el alma de la autoridad doméstica y política. Y en este sentido, el alma de Pucará era una mujer. Una mujer llena de energía, empuje, dinamismo, intuición política, señorío y dulzura. Y esa mujer era la alcaldesa, señorita Lamadrid Chicoma. Vestida invariablemente con su hábito pardo de San Martín, mostraba sus cabellos decorosamente peinados, sin hacer nada para ocultar las muchas canas que ennoblecían aquella cabeza. En las grandes ocasiones, la cubría con una toca del mismo color del hábito que le daba un aire señorial que a mí se me antojaba tener no sé qué de oriental. Su vestido, como todo en su vida, se distinguía por su sencillez y ausencia de todo lo que fuera afectación.

Cuando la señorita Marina se exaltaba, cosa que ocurría con mucha frecuencia, se exaltaba de verdad. Entonces dejaba volar su imaginación y llenaba sus enérgicas frases de brillantes imágenes poéticas. Con su arrebatadora oratoria hacía vibrar al auditorio, ya fuera en un cabildo abierto, ya en una toma de posesión de las nuevas

34

autoridades académicas, ya en una clausura de curso. No se me han olvidado algunas de sus expresiones: «en representación de las señoras de Acción Católica –representación que nadie le había concedido– voy a hacer uso de mi pálido verbo desprovisto de ropajes oratorios»; «...porque yo, aunque de familia pudiente, tengo que darle muchas gracias a Dios, de haber tenido que beber muchas veces en la copa dorada de la pobreza...»

Pero si la oratoria de la señorita Marina era grata a los oídos, los billetes que solía enviar por la mañana, por medio de su joven empleada Grimaness, resultaban, con frecuencia, disparatados e incluso inquietantes:

Buenos días, padre Carreras. Dios nos sigue protegiendo con su providencia, pues han nombrado director de la Universidad de Mambayeque a D. Edgard Tantaleán Cuevas, que es íntimo amigo de un primo mío. Pero la maldad humana [la maldad humana era entonces el teniente alcalde con quien hizo más tarde las paces] sigue maquinando en la sombra. Están ya muy cerca las Fiestas Patronales y el pueblo está muy frío. Si a Vd. le parece, para animar esto un poco, se podría tener una novena de misas, que pagaríamos nosotros, en honor de la Virgen del Perpetuo Socorro. Y en la procesión de la Patrona [Santa María Magdalena] habría que procurar que no falten unos niños vestidos de diablitos, tres alumnas con sus vestidos y atavíos representando las tres regiones del Perú: la Costa, la Sierra y la Selva. Y si le parece, podríamos también incluir a Blancanieves con los siete enanitos. Con esta carta le trae Grimaness este dulce que hemos preparado hoy y espero que le guste. Saludos. Marina L.

Este tipo de billetes me hacía saltar del asiento y pasearme lleno de gran agitación psicomotora, como si en mi sangre hubieran inyectado adrenalina pura, que es lo que, efectivamente, acababa de suceder. Me sentaba a la máquina de escribir y comenzaba varios intentos de respuesta que rompía a las pocas líneas, pues resultaban demasiado agresivos. Por fin, me decidí a visitar a la señorita Marina en su propia tienda. Después de agradecerle su dulce, le exponía las dificultades que había acerca de los diablillos, las tres regiones del Perú, y Blancanieves y los siete enanitos, respecto a la procesión. Ni siquiera podía decir el novenario de misas por no tener intenciones libres, como era verdad. Y cuando yo esperaba una resistencia tenaz y encarnizada, el rostro de la señorita Marina se iluminaba con la más dulce y comprensiva de las sonrisas, llena de flexibilidad y de comprensión. Inmediatamente después de aceptar mis excusas, comenzaba a contarme, llena de ilusión, las gestiones que estaba haciendo para que los fuegos artificiales fueran mejores que ningún año, e incluso para organizar una corrida de toros. Hace un año me encontré a la señorita Marina por una calle del distrito de Breña en Lima, llevando en una pesada bolsa todo lo que había comprado para la casa, en la que, según me dijo, tenía a pensión a varios muchachos de Pucará. Nos alegramos los dos al vernos y, tomándole la bolsa, que llevé con no poco esfuerzo, la acompañé hasta su casa. Por el camino me contaba con la misma ilusión que le habían regalado cincuenta trompetas para la banda de la escuela de Pucará y que el único problema era que no encontraba quien se las llevara hasta allí gratis, pues los fletes estaban muy caros. Prometí visitarla más adelante.

La señorita Marina se preocupaba de todos los problemas que afectaban al pueblo de Pucará, fueran materiales o personales. Si el río amenazaba los terrenos de juego del colegio de las madres, la señorita Marina iniciaba sus gestiones con el coronel del Milagro o con el prefecto de Cajamarca, con un par de ministros o senadores, o con cualquier ingeniero, para conseguir proyectos gratuitos, máquinas, dinamita o alguna importante subvención. Si el mercado del pueblo se hacía insuficiente, o amenazaba ruina, la señorita Marina ponía en juego toda su influencia para construir uno nuevo. Si se cometía alguna infracción que afectara a la municipalidad, la señorita Marina intervenía para corregirla, usando más la amonestación que la multa, o amenazando sin dar el golpe. Claro está que no era posible hacer esto sin una buena información; pero precisamente éste era el punto en que la señorita Marina se sentía más fuerte. Su tienda, continuamente concurrida por las mujeres del pueblo amigas suyas, que eran la inmensa mayoría, podía hacer la competencia a los servicios de inteligencia mejor montados de los estados modernos. De esta forma, mezclando su intuición y su espíritu de liderazgo con su amable flexibilidad, añadiendo a todo esto una amplia red de relaciones humanas que alimentaba con una copiosa correspondencia, realizando y proyectando obra tras obra, la señorita Marina había sido ya dos veces seguidas, y aspiraba a ser por tercera vez, alcaldesa de Pucará. Lo hubiera conseguido, sin duda, si el golpe militar de 1968 no hubiera alterado, en todos los niveles, la vida política del país.

Pucará tenía, por entonces, unos 3.000 habitantes en el casco de la población y otros 3.000 repartidos por los caseríos y por la campiña. Los sábados y los domingos la población de Pucará aumentaba considerablemente, con una población flotante procedente de una amplia zona. Esta zona era el territorio que se extendía a ambas orillas del río Huancabamba, paralelamente a la carretera a lo largo de los noventa kilómetros que tenían a Pucará como punto de convergencia. Aunque los días privilegiados eran los sábados y los domingos, casi todos los días de la semana, procedentes de esta amplia zona, acudían fieles a Pucará para solicitar mis servicios. Yo no podía faltar de Pucará sin ocasionarles, la mayoría de las veces, un grave perjuicio. Pero la forma en que yo me desenvolvía para atender a toda esa gente es un tema que merece ser contado a parte.

V. BAUTIZAD A TODAS LAS GENTES

Dice San Ignacio que nadie hace más que quien hace bien una sola cosa. Apenas llegué a Pucará, me di cuenta de que este ideal estaría muy lejos de mí, pues mis obligaciones iban a ser no sólo muchas, sino además, incompatibles.

La verde alfombra de plantaciones de arroz junto al río Huancabamba, que daban a Pucará su nota más alegre, estaba mostrando que el arroz era la principal riqueza de aquel pueblo, de la que vivían un grupo de pequeños agricultores, y malvivían gran cantidad de peones que no tenían otro modo de ganarse la vida que su trabajo. Con todo, si no faltaban en Pucará injusticias sociales, como no faltan en ninguna parte, pienso que no dependían éstas del reparto de la tierra. Cuando el régimen militar implantó la reforma agraria, que ciertamente fue muy drástica, esta no supuso prácticamente ningún cambio en Pucará. La injusticia social contra la cual más tuve que predicar en mis años de trabajo en el vicariato eran, en algunos casos, los jornales de los peones, en los lugares de la altura y, sobre todo, la explotación a la que, como en casi todo el Perú, eran sometidas las empleadas en el servicio doméstico.

Entre la agricultura, los comerciantes, la notable parte de la población que vivía de la carretera, y la numerosa población flotante de serranos, indios cañaris, o procedentes de otras comunidades indígenas, que bajaba continuamente a Pucará, no sumaban entre todos más que una fracción de las personas a quienes yo debía atender. En la iglesia de Pucará se bautizaban por aquel tiempo unos ochocientos niños al año. De ellos, un 16% eran de Pucará. El resto venían de fuera: solamente los cañaris alcanzaban de un 20 a un 25% de esta cifra. Eran, por lo tanto, una parte importante de la población que la parroquia de Pucará debía evangelizar; y ellos venían a mí para eso. Venían de los distritos de Incahuasi y de Cañaris. Este último, el más cercano, tenía su capital a unos 2.400 metros de altura, a unas ocho o diez horas de caballo de Pucará. No tenían sacerdote estable. Eran visitados una o dos veces al año por un sacerdote de Chiclayo o de un pueblo de su diócesis en tiempos de fiestas. Estaban separados de mí, no sólo por la distancia, sino también por la barrera de la lengua, que en algunos casos era completamente impenetrable. Con los hombres regularmente me podía entender, con las mujeres mucho menos, y a veces nada. Mis esfuerzos por poner el credo y el padrenuestro fracasaron por diversos motivos. Aquellos a quienes les pedía ayuda me la daban de mala gana. No les gustaba aparecer como «lenguaraces», esto es, como hombres que usan la lengua cañari como la materna, pues esto era considerado por ellos como una señal de inferioridad cultural. Por otra parte, siendo el «cañaris» una mezcla de quechua y de castellano, no conseguí encontrar dos personas que para el padrenuestro y el credo me dieran las mismas palabras. De nada me hubiera servido hablar el quechua, como me hizo notar un muchacho cañaris que trabajaba en Lima: «No se fatigue, padrecito, que nosotros hablamos un quechua entreverado con el castellano que usted no podrá comprender por mucho que se esfuerce».

En las charlas que les daba a los cañaris para preparar bautismos y matrimonios, no era poco lo que conseguía hacerme entender. Todos sabían algo de castellano, muchos lo hablaban correctamente. Lo más difícil eran las mujeres. En algunos casos tuve que valerme de intérpretes. Lo malo es que los intérpretes no sabían mucha teología, ni muchas veces el catecismo. Algo entendía aquella buena gente, pues al explicarles que el pecado era una cosa mal hecha, y que ofendía a Dios, algunas personas me decían ingenuamente: «Pecados, no tengo yo ninguno». En cambio, una vez en Pomahuaca tuve que dar los últimos sacramentos a una mujer cañaris que habíamos tenido que recoger en el convento y llevaba varios días allí enferma. Los encargados de la iglesia y otras personas piadosas le llevaban de comer. La exhorté en castellano a arrepentirse de sus pecados, cuando me trajeron al único que encontraron en el pueblo que era «lenguaraz»:

—Dile que se arrepienta de todos sus pecados.

—Padre, no entiendo lo que quiere usted decir. ¿Qué cosa es un pecado?

Se lo explique con varios ejemplos. Le dirigí una explicación a la enferma terminando con la pregunta de si se arrepentía. Contestó afirmativamente delante de toda la concurrencia que había invadido el convento y recibió, con muestras de fe, la absolución y la unción.

En otra ocasión, estaba preparando un matrimonio en Pucará y tenía que enseñar el catecismo a los novios con un intérprete:

—Dile que Jesucristo murió en la cruz por nosotros, para que podamos ir al cielo –le dije señalando al Cristo colgado en la pared. El intérprete dirigió a la novia una larga exhortación.

—¿Qué le está diciendo? –le pregunté al padrino.

—Le dice que ya desde ahora tiene que obedecer en todo a su marido, y procurar que todo esté bien en la casa.

Mi mayor tranquilidad y garantía en mi pastoral con los cañaris, es que el antiguo pro-prefecto apostólico, padre Calabor, y el mismo monseñor Hornedo, hacían más o menos lo mismo que yo.

En una de las fiestas de Pucará vino un compañero a ayudarme, pues el trabajo era agotador. Era un padre de, más o menos, mi misma edad; y era la primera vez que tenía que entendérselas con los cañaris. Habíamos pasado la mañana bautizando en el amplio salón parroquial en grupos de quince bautizos cada vez. En el centro estaba la pila bautismal, junto al cirio pascual encendido. Las paredes llenas de cuadros de catecismo, que uno de nosotros explicaba a la nutrida concurrencia sentada en los bancos, mientras el otro iba apuntando los bautizos, resolviendo con los padres y padrinos los distintos problemas que se presentaban, entre los que había una gran variedad. El que había apuntado hacía los bautizos ayudado por el otro. Y así nos habíamos ido turnando. Había sido un trabajo agotador y estábamos un poco cansados; pero volvimos a la carga inmediatamente después de almorzar.

—¿En qué te puedo ayudar? –me preguntó mi colega.

—Podrías preparar a esta pareja de cañaris para el matrimonio, mientras yo sigo bautizando.

Media hora después, irrumpía en el salón parroquial, en el momento en que acababa de bautizar yo una tanda de quince, para decirme en privado:

—Es completamente inútil. Son totalmente incapaces los dos de aprender lo que es la confesión y la comunión.

—Está bien. Sigue entonces tú bautizando y veré yo qué es lo que se puede conseguir de ellos.

Los novios se casaron aquella noche con la suficiente preparación. Sin embargo, hay que reconocer que mi colega se había estrenado con uno de las casos más duros de los que se solían presentar. Es verdad también que, aunque siempre confesábamos a los novios, y el novio podía comulgar casi siempre, había, a veces, que dejar la comunión de la novia para más adelante, pues de momento no era posible instruirla más.

Los cañaris tenían muy pocas escuelas en su distrito. ¿Qué es lo que aprendían en ellas las niños de religión? Yo les enseñaba algo; pero no era suficiente. ¿Hasta qué punto tenía yo derecho a bautizarlos siendo tan poco lo que les podía enseñar? Pero, cuando les veía acudir a mí, en grupos de dos o tres familias, agotadas por el largo viaje con su tradicional vestido indio, las mujeres con sus negras faldas hasta el tobillo, sus blusas de mil colores y sus abigarrados pañuelos y velos en la cabeza, las camisas azul eléctrico de los hombres, cuando veía a aquellos niños encantadores y sucios, de dos o tres años, con una abundante cabellera negra como el azabache, cuando contemplaba al mismo tiempo su pobreza, su humildad, su religiosidad profunda y la confianza con que acudían a mí, me sentía completamente incapaz de negarles el bautismo. ¿Qué hubiera hecho Jesucristo en mi lugar? ¿Qué pastoral hubiera adoptado? ¿Les hubiera negado el bautismo Él, que se compadecía de las turbas porque las veía que andaban deshechas y echadas por el suelo como ovejas sin pastor? Por otra parte, el prefecto apostólico, monseñor Hornedo, no se lo negaba nunca, que yo haya sabido.

Recuerdo que, un día, para salir de dudas, escribí pidiendo consejo a un célebre moralista, que era consultor en Roma de varias sagradas congregaciones. Su respuesta me llenó de alegría: «Por lo que usted más quiera, no niegue el bautismo a esos indios. Instrúyales todo lo que pueda. Alábeles por el sacrificio que hacen de venir desde tan lejos a bautizar a sus hijos, y bautícelos con muestras de satisfacción».

Lo de las «muestras de satisfacción» no era siempre en el mismo momento del bautismo, que se convertía muchas veces en una lucha contra todas las fuerzas de la naturaleza, encarnadas en dos o tres niños que lloraban a pleno pulmón al mismo tiempo con una potencia impresionante. Era de ver como se resistían revolviéndose en manos de una madrina débil y anciana que no podía sujetarlos bien, o en los brazos de un padrino extraño que los sujetaba como si fueran una metralleta o el volante de un camión. En todos estos casos era yo quien debía sujetarlos firmemente con una mano, mientras los bautizaba con otra.

—¡Mira! ¡Mira como corcovea! –decía complacida una madrina al ver retorcerse a su ahijadito para evitar que yo le bautizara.

—No te asustes, que te voy a echar un poquito de agua –les decía yo, a veces, a los niños que me miraban con ojos interrogadores. Y muchas veces bastaba eso para tranquilizarlos. Otros niños permanecían inmóviles y sonreían plácidamente al ser tocados por el agua. Uno no sabía si se debía a la gracia de Dios, a un natural apacible o a la fresca caricia del agua en medio del calor de Pucará.

Pero los cañaris eran solo un veinte por ciento de los niños que me traían desde muy lejos de Pucará, que eran al año como unos seiscientos. Muchos de estos pobres niños llegaban deshidratados, llorando de sed y de calor, y a veces, consumidos por la fiebre. Venían con la vestimenta propia de la altura, donde el clima era frío, vestimenta poco adecuada para Pucará. Algunas veces, bastaba mirar a estos niños para darse cuenta en seguida de que estaban gravemente enfermos, hasta el punto que a algunos les quedaban pocas horas de vida. Algunos expiraban poco después de ser bautizados. A veces era cuestión de minutos y algunas de segundos. No estoy dramatizando; cuento simplemente la verdad. La situación material y espiritual de aquellos niños me daba una gran compasión; no me avergüenzo de confesarlo. Hoy día, según parece, no se sabe a ciencia cierta, nada seguro en que todos los teólogos serios estén de acuerdo, sobre la suerte de los niños que mueren sin el bautismo. Ciertamente alcanzan una felicidad plena. ¿Pero alcanzan estos niños la visión sobrenatural de Dios? Hay razones sólidas para opinar que sí; pero sería una herejía decir que Dios haría mal si no les concediera esto. Entre los teólogos actuales existen toda clase de opiniones, mientras el magisterio de la Iglesia calla; lo cual es señal de que el asunto no está todavía maduro. Yo creo más bien que Dios los salva; pero no es más que una opinión mía. Para la Iglesia no es, ni ha sido nunca indiferente que un niño muera sin ser bautizado. Y ciertamente, dentro de la teología que yo había estudiado antes de ir a Pucará, que no era falsa sino incompleta, como lo será siempre la teología, no veía para los niños que morían sin bautizar la menor posibilidad de salvación. Si en esto estaba equivocado, no lo estaba al interpretar los deseos de la Iglesia de no negar el bautismo cuando existe alguna posibilidad seria de educación en la fe. Por eso, jamás negué el bautismo a ningún niño. Si algunos padres se retiraron, fue al ponerles yo las condiciones mínimas, que no podía dejar de poner. En toda pastoral de bautismos lo fundamental debe ser el bien del niño que debe pasar a primer plano. Es más importante no negarle el bautismo a ningún niño que pueda legítimamente recibirlo que apoyar un movimiento de catequistas (cosa magnífica, pero que debe buscarse por otros medios que no puedan perjudicar a ningún niño). Es más importante que conseguir una fidelidad a unas normas que unifique toda la pastoral y nos permita la satisfacción de saber que vamos todos a una. Mas importante, sobre todo, que el evitar que nadie se pueda reír de nosotros. Más importante que coaccionar a los que viven en uniones ilegítimas para que regularicen su unión en el sacramento del matrimonio. Más importante que servir de instrumento para que los poco practicantes se acerquen más a la Iglesia y a la misa dominical. Para conseguir estos fines, por muy nobles que sean, no se puede hacer servir al niño como instrumento. No es una cosa, es un hombre. Jesucristo instituyó los sacramentos para los hombres; no para que tal o cual persona o grupo pueda defender sus puntos particulares de vista en una pastoral de conjunto.

En estas condiciones en que yo estaba, me daba miedo dejar solo Pucará, por muchas razones, pero una de ellas era ésta. En más de una ocasión, en el mismo momento en que iba a salir, me traían a un niño agonizando para que lo bautizara. Preparaba otra vez mi marcha y me interrumpían con otro niño en la misma situación. Y cuando estaba llegando ya a la carretera me venían a buscar para un tercer bautizo de un niño grave. Las madres me prestaron en esto una gran ayuda, bautizando a los niños graves que les traían en mi ausencia. Pero también las madres tenían otras muchas cosas que hacer. Si estando yo fuera de Pucará, llegaban unos novios para arreglar su matrimonio, o alguna persona desde lejos a pedir una partida, cosa que pasaba con frecuencia, les ocasionaba un daño grave.

Por otra parte, yo tenía derecho a algún descanso. Recuerdo la impresión que me dio ir a Jaén, cuando llevaba mucho tiempo en Pucará y pude tratar con el padre Alfonso Arana, Gomez-Martinho, con el hermano Farinas y el hermano Mariano y otros padres, me parecía estar en el cielo después de más de un mes de soledad. Me dijeron que no dejara de ir a Jaén de vez en cuando, lo cual me llenó de alegría. Cuando hubiera deseado estar acompañado tenía que estar solo. En otras ocasiones que, acostumbrado a la soledad de Pucará y de otros lugares de la misión he deseado estar solo, he tenido que vivir con otros, renunciando al placer regio de ser el amo. Esa es nuestra vida. En todo caso, una cosa era evidente, que yo necesitaba estar con alguien más en Pucará, dado que fuera una persona sensata o un carácter que no fuera demasiado incompatible con el mío.

VI. VIDA DE EREMITA

En cierta ocasión, pasaron por Pucará cubiertos de barro y llenos de cansancio, el padre Peter Jansen, que estaba trabajando en la Selva, con un sacerdote alemán, compañero suyo de la Gregoriana, que venía de visitar algunas zonas de la misión a la que trajo una importante ayuda material. Pasaron conmigo la noche, y aquella vez, las madres, que siempre eran espléndidas en la comida, realmente se pasaron y nos dieron una cena que debió sorprender a aquel sacerdote alemán como encontrar las obras de Kant en la choza de unos aguarunas. Me dijo sonriendo, al terminar la comida, que estaba mostrando una hospitalidad extraordinaria con él; extraordinaria por lo bien que les había tratado, y extraordinaria porque, según me dijo riendo, no era corriente en las casas de los jesuitas. Quise defender los principios y le dije una cosa que le hizo gracia, pues captó todo su significado: «Bueno, es que ésa no es nuestra especialidad». Quince días después recibía una hermosa postal con un artístico capitel de una columna de una catedral alemana con estas palabras en italiano, pues mi colega alemán no hablaba el español: «Al eremita de Pucará, con todo afecto y fraternal recuerdo».

Voy a describir cómo era mi vida de eremita en aquellos primeros tiempos que estuve en Pucará.

Desde el primer momento, a los pocos días de llegar, fui a la fiesta de San Felipe, mientras el padre Sánchez Gil, que había llegado de San Ignacio, donde se había retirado momentáneamente, me guardaba las espaldas en Pucará. Difícilmente se podía haber encontrado un choque más fuerte que el encuentro con la religiosidad popular de aquella fiesta, con muchas cosas que nada tenían que ver con la religiosidad popular. Si las fiestas de los pueblos resultaban muy duras para la mayoría de nosotros, con sus avalanchas de bautizos que había que hacer, los altoparlantes de los bailes nocturnos, y las radios de los comerciantes, con los gritos de los borrachos que no nos dejaban dormir de noche después de un trabajo agotador durante el día; después de haber conocido las fiestas de muchos pueblos, mi opinión es que, si existe en el vicariato alguna fiesta dura de verdad, ésta era la fiesta de San Felipe. Allí se realizaba aquello de la contemplación del rey temporal de «asimismo ha de trabajar conmigo en el día y vigilar en la noche». El trabajo del primer día fue agotador, pues no estaba acostumbrado a esto. Además de la misa solemne con su procesión y las vísperas, me pasé el día bautizando. Fue mucho menos que otras veces: cuarenta y nueve bautizos. Y ahí fue la fuente de escrúpulos para varios meses, pues don Desiderio corroboraba mis sospechas de que un niño que estaba apuntado en mi talonario no había sido bautizado en ninguna de las tandas de bautizos que hice. Don Desiderio era el sacristán indio, de la comunidad indígena de San Felipe, que me ayudaba en la fiesta y rezaba muchas veces el rosario. Cómo iba yo a buscar aquel niño perdido en la campiña entre los 4.000 habitantes del distrito de San Felipe, si sólo el ir a San Felipe, a 63 kilómetros de Pucará era ya para mí cosa difícil. Fue el padre Sánchez Gil con su intuición quien disipó mis dudas:

—¿Ha pagado el bautizo? –me preguntó.

—Ciertamente, todos pagaron cuando los apuntaba.

—Pues si ha pagado, no dudes de que está bautizado. ¿Crees tú que existe por ahí una sola persona capaz de marcharse sin bautizar al niño después de haber pagado?

Efectivamente, meses después, comprobé que aquel niño del caserío de La Tashaca, había sido bautizado.

En aquella fiesta hice varios matrimonios, conocí a los simpáticos y hospitalarios habitantes de San Felipe, su religiosidad con sus virtudes y defectos y me hice amigo de muchos de ellos: los Vela, los Ahumada, probablemente descendientes de un hermano de Santa Teresa, los Chicoma, los Carpio, etc. Hice la primera salida a asistir a un moribundo, a quien volví a ver gozando de perfecta salud años después, y por el camino nos agarró un fuerte aguacero y goce de los más hermosos paisajes que había visto en mi vida.

A mi regreso de la fiesta de San Felipe di una semana religiosa a las alumnas del Colegio de las madres, mientras monseñor Hornedo la daba a los alumnos del Colegio Nacional de Varones. Me hubiera llenado de satisfacción si hubiera sabido que, años después, iba a encontrar a una de aquellas alumnas, Nelly Cortez, hecha una mujer y trabajando en el arzobispado de Lima en colaboración con varios obispos. Iba todas las semanas a la Escuela Nacional de Varones, que tenía unos treinta y seis alumnos y un magnífico profesorado, tal como es difícil encontrar por aquella zona. Su director era amigo nuestro y gozaba de gran estima en el pueblo. Daba allí clases de religión, cosa que hacían también las madres y confesaba a numerosos alumnos que lo deseaban.

Las madres me pedían que confesara a grandes grupos de alumnas, sea del colegio o de la escuela parroquial, que contaba con unas trescientas alumnas, y me pasaba toda una mañana y tarde, o una mañana, confesando con cierta frecuencia. Era cosa que hacía con mucho gusto. Mis relaciones con las madres fueron siempre magníficas. Era aquella la primera comunidad de Siervas de San José con la que yo trataba: «Vas a estar con la mejor comunidad religiosa del vicariato», –me había dicho Muguiro al destinarme a Pucará. Y aunque toda comparación es odiosa, Muguiro había dicho la pura verdad, sin excluir que otras comunidades de religiosas que conocí más tarde merecieran ser llamadas también la «mejor comunidad del vicariato». El Colegio de Pucará tenía un internado que llegó a tener más de un centenar de internas. Las externas serían sesenta o setenta a lo sumo. Algunas se dirigían conmigo, en una forma u otra.

Nunca he sido partidario de interferir en las actividades de las religiosas para decirles lo que tienen que hacer; y hubiera sido esto todavía más inoportuno tratándose de unas religiosas tan sobrecargadas de trabajo como las de Pucará. Pastoralmente no les pedía nada, sino que perseveraran en el admirable fruto que hacían en el colegio y la escuela parroquial. Recuerdo que una vez fui a visitar un caserío cañaris, llamado Huacapampa, que estaba en la altura a cuatro horas de caballo de Pucará. Era una visita de emergencia, pues el sarampión estaba diezmando a la población infantil. Yo iba a bautizar y a llevarles medicamentos, sobre todo gran cantidad de aspirinas que me proporcionó la madre Socorro, directora del dispensario de Pucará. Recuerdo que, al superar con mi caballo una altura de la otra orilla del río, apareció a mis pies, a vista de pájaro, todo el complejo del edificio y campos de recreo de las madres. Las alumnas estaban formadas por cursos alrededor del mástil en el que iba a ser izada la bandera nacional. Esa visión de un solo golpe de toda la obra en plena vida, me impresionó. Comprendí la magnitud y la hermosura del trabajo que llevaban las madres, y me sentí invadido por el pensamiento consolador de que solamente para servir de apoyo a una obra como aquella, mi presencia en Pucará estaba justificada y compensaba todo sacrificio.

No era mucho el trabajo que me daban las madres, algunas charlas a las alumnas, confesiones, alguna que otra plática de vez en cuando a las mismas madres, y la bendición solemne con el Santísimo, que por aquel tiempo tenían ellas los domingos y días festivos y que yo les daba con gran satisfacción. Si me sentía obligado a servir a las madres, no era sólo por los servicios de tipo sobre todo material que ellas me hacían: comida, lavado de ropa, limpieza de la iglesia, etc., en los que se excedían siempre, sino, sobre todo, porque siempre he pensado que las religiosas tienen derecho a todos los servicios espirituales y materiales que les podamos dar, pues son almas generosas que lo han dejado todo por servir a Jesucristo. Parece ser que las madres tenían una opinión parecida de mí, pues se desvivían en hacerme agradable la vida con una delicadeza que me abrumaba.

En lo apostólico, no sé cómo sacaban tiempo para ir a la Escuela Nacional a dar clases de religión, visitar familias pobres, y algunas otras cosas que un párroco no puede menos de agradecer. Yo les decía que no se sobrecargaran de trabajo, que el solo clima tenía ya su peso, que miraran por su salud. Pero como contaré más adelante, los acontecimientos hicieron que de la salud de la cual más se cuidaron fuera de la mía.

Yo nunca pensé en formar una comunidad de base. Entre otras cosas, porque las masas no me dejaban tiempo para ello. Yo me sentía como un terrón de azúcar que hubiera recibido la misión de endulzar el Océano Pacífico. Pero el hecho de trabajar en una empresa común, las dificultades y problemas que tuvimos que afrontar juntos, y otras muchas cosas más, me unía a las madres, y a otras personas más de Pucará, con un vínculo afectivo intenso que no creo que haya faltado nunca en la Iglesia.

Entre estas otras personas que he mencionado, estaba el grupo de mujeres de Acción Católica y el grupo de la archicofradía de la Virgen del Perpetuo Socorro, grupos que me había dejado en plena vida mi antecesor el padre Sánchez Gil, y entre los cuales se daba una distinción que no era del todo real, ni tampoco meramente de razón. Teníamos reunión los domingos. Aparte de los actos de piedad, y de las charlas de formación que tenía con este grupo de mujeres selectas, me ayudaban no poco apostólicamente con su actividad personal de captación en el pueblo, y avisándome cuando había algún enfermo grave o cualquier otro asunto espiritual que reclamara mi atención. Ellas me avisaron, por ejemplo, que en la nueva desviación de la carretera le iban a quitar el terreno y la choza a una mujer paralítica que vivía sola con su hijo, a la que yo visitaba de vez en cuando y que daba compasión. La señorita Marina me avisó sobre los terrenos disponibles que tenía el concejo en el pueblo y me sugirió que hablase con el alcalde y el ingeniero de Fomento, quien, por su parte, estaba dispuesto a volver a construir la pobre casita siempre que le asignaran un terreno. No convenía, sin embargo, sacar a aquella mujer de donde estaba, pues allí recibía visitas y ayudas de mucha gente buena, muchas de Acción Católica. Cuando me marché de Pucará la choza seguía respetada por la carretera.

Un grupo de estas buenas mujeres me ayudaban en los repartos de los víveres de Cáritas que teníamos una o dos veces al mes, en la puerta de la casa parroquial. Mi antecesor, el padre Sánchez Gil, había organizado todo esto, y con su espíritu práctico, había conseguido que llegaran con regularidad víveres a Pucará, para dar una buena ayuda en cada reparto a un centenar de familias muy necesitadas. El alma de aquellos repartos era la señorita Felicia, la cual había venido hacía años de Trujillo para acompañar a su prima la señorita Marina. Eran dos caracteres muy diferentes que se complementaban. La señorita Felicia había pasado su vida pensando en los demás: hermanos, cuñadas, sobrinos, etc., y fuera del ámbito familiar disputaban su tiempo las obras de piedad y de misericordia. Era alta, delgada, con un rostro que reflejaba bondad por todas partes, y con unos ojos en los que tan pronto se reflejaba la seriedad y la preocupación, como un suave y discreto humorismo. Era inteligente, y de un natural aristocrático, pero lo más noble de ella es que era un alma completamente entregada a Dios. Todos en el vicariato, comenzando por monseñor Hornedo, la estimábamos en mucho, pero así y todo, en lo que a mí se refiere, lamento no haber sabido darme cuenta de la gran riqueza espiritual de aquella alma, en el tiempo en que estuve en Pucará. La estimé en mucho, pero debía haberla estimado mucho más. Sencilla como una paloma, sobre todo cuando arreglaba los altares de la patrona o de la Virgen del Perpetuo Socorro, en una forma en que nadie hubiera echado de menos lo femenino en la Iglesia, sabía ser prudente como una serpiente, sobre todo en aquellos repartos de Cáritas en que distribuíamos un aceite y otros productos de primera calidad. Ni la mujer cañaris más avispada, de las que llegaban haciendo ver que no habían oído bien el nombre, y que eran ellas, las personas ausentes que acababan de ser nombradas, había conseguido engañarla jamás: «Tenga usted cuidado, padrecito, que ésta ha recibido ya su trigo y su leche en polvo y lo está pidiendo otra vez».

—¡No hija! –decía deteniendo a otra por el brazo– tú te has llevado ya tu lata de aceite y todo lo tuyo. No pretendas recibirlo otra vez.

Aquellos repartos, así como algunas visitas a las casas, daban un gran conocimiento de la gran pobreza que había en muchas familias de Pucará. ¡Cuántas mujeres que, sin más ingresos que los que sacaban lavando ropa, tenían que alimentar cinco o seis hijos, a veces cada uno de un hombre distinto! ¿Y qué decir cuando el viento, que soplaba fuertemente al caer la tarde, levantaba unas brasas y les quemaba su choza? En Pucará había muchos entierros. A pesar de los borrachos, y de los gritos histéricos, en el momento de la despedida de la casa, estos entierros ofrecían la oportunidad para hacer llegar unas palabras de fe a los numerosos hombres que acudían a ellos, muchos de los cuales pisaban poco la iglesia. A veces rezábamos el rosario a lo largo del prolongado recorrido; y siempre, en el momento de la despedida, ya fuera en el cementerio, ya en el lugar acostumbrado en la entrada del largo puente de madera que cruzaba el Huancabamba, hacía depositar la caja en el suelo, y antes del último responso, decía unas breves palabras, explicando para qué estamos en este mundo y recordando la esperanza que tenemos en Cristo. Decía San Ignacio que nunca se habla de las cosas de Dios con ningún mortal, por pésimo que éste sea, sin sacar de ello mucho fruto. Por eso, aunque yo no tenía presente entonces ese dicho del santo, pienso que, en estos entierros, algún fruto se sacaba. Yo lo puse en duda más de una vez, y sobre todo ante el espectáculo lamentable de los borrachos, que golpeaba a mi espíritu con más fuerza que las ideas, me pregunté más de una vez si tenía sentido allí la presencia de un sacerdote. Y es que el puritanismo, entendido en su sentido amplio, es una de las tentaciones más frecuentes en la vida de un religioso, y de un sacerdote, sobre todo en ambientes donde la fe no está aún madura. Si nos dice el Apocalipsis que en el cielo no entrará nada manchado, es lógico que toda alma apostólica ame apasionadamente lo que no tiene mancha (lo cual está muy bien) y odie, a veces también apasionadamente, todo lo contaminado (lo cual está muy mal). Y, si es propio del ángel de las tinieblas transfigurarse en ángel de la luz para tentarnos por nuestro punto más flaco, ¿qué cosa tiene de particular, que nos tiente tanto de puritanismo a sacerdotes y religiosos, pensando que la Iglesia de la tierra tiene que ser como la Jerusalén celestial, donde no habrá borrachos, ni siquiera estipendios de misa? ¿Qué cosa más natural, que nos inspire tal fobia a la cizaña, sea en forma de injusticia social, de corrupción social o administrativa, o de costumbres salvajes y primitivas, que por huir de ella desamparemos el trigo?

Tenía yo también que pasar por esta tentación en Pucará, como por la de querer suprimir las fiestas de todos los pueblos, como por la de no malgastar mis esfuerzos donde el fruto parecía muy poco. Me vi agitado por las olas, pero un instinto sobrenatural me sostuvo en una actitud más cercana del justo medio que de los extremos. Porque no hay duda de que, sin dejar sin la justa celebración religiosa a las fiestas de los pueblos, se les puede ir acostumbrando poco a poco a no utilizar lo religioso en provecho de lo profano y aun pecaminoso. Y que igualmente hay que aprovechar las ocasiones oportunas para enseñar que los velatorios y los entierros no deben ser ocasión para emborracharse. Asistí a innumerables entierros de niños. Aquellos ojos hundidos en medio de sus caritas demacradas me daban una pena inmensa, cuando los rociaba con agua bendita al comenzar las primeras oraciones, antes de que se cerrara la caja, rodeada de flores y velas encendidas.

La mortalidad infantil era muy elevada, sobre todo en los meses más calurosos, en los que comenzaban a caer los niños con fiebres intestinales, algunas de ellas tan fulminantes que moría el niño en veinticuatro horas, lo cual convencía a muchos que eso no era posible si el niño no había sido previamente «ojeado» por alguna persona. Estos entierros, que fueron en verdad muy numerosos, me reafirmaban en lo que he dicho sobre la pastoral de bautismos, que no puede ser igual en una ciudad en la que es casi imposible que se muera un niño rápidamente, (caso del que está muy lejos la misma Lima) que en un lugar como Pucará, donde lo que era completamente imposible con los medios que se contaba, era evitar la manera fulminante e imprevista con que morían tantos niños.

Mis clases de religión en el Colegio Nacional de Varones, o alguna semana religiosa que les di, tropezaron con una materia poco dispuesta, pero dieron su fruto, no en la medida que yo pretendía, pero sí para mostrarme que aquellos muchachos tan poco preparados por el ambiente, y tan maleados por algún que otro profesor, no eran inaccesibles a la gracia de Dios. Naturalmente, pude hacer mucho más fruto con las alumnas de las madres, a las que pude dar dos años consecutivos ejercicios internos en Chiclayo, en perfecto silencio, como habían hecho otros padres antes que yo, como Mazarro, Cuartero, etc...

En Pucará, me venían a buscar con frecuencia para asistir a los enfermos graves. Estas salidas me llevaban, de ordinario, casi toda una jornada. Cuando me avisaban, la cosa era tan inminente que, por lo general, aprovechaban el viaje a Pucará para comprar la mortaja. Por eso yo salía lo antes posible, por lo regular inmediatamente, dejando todas las demás cosas y tomando siempre antes algo de comer. Había que salir a la carretera y esperar que pasara algún camión (excepto en el poco tiempo que gocé de carro propio). Una o dos horas después nos esperaba un hombre con un caballo, o subíamos a pie por no haber caballo. Solían ser de tres a cuatro horas; y si el enfermo estaba en la otra orilla del río, había que cruzar antes este por un huaro. El huaro era una plataforma con barandilla que colgaba de un cable por una polea y transportaba carga y personas de una orilla a otra. Había numerosos huaros, y nunca me quiso cobrar ningún huarero. En muchos casos, el enfermo tenía que casarse antes, lo cual hacía yo siempre que era éste su deseo y más bien les exhortaba a ello cuando era conveniente. Todo eso hacía que hubiera que estar en la casa del enfermo un buen rato, hasta que había recibido todos los sacramentos que pedía la prudencia. A veces me ofrecían algo de comer. Otras veces les hubiera sido imposible o no era necesario. Muchas veces tuve que bajar con mucha prisa a la orilla del río, para llegar con luz del día y poder cruzar el huaro, porque de noche no funcionaban de ordinario. Cuando llegaba a la casa del enfermo, los familiares no disimulaban sus sentimientos de alivio. Cuando me marchaba, quedaban consolados como el enfermo, y como yo mismo.

Recuerdo algunas subidas a pie agotadoras, como la que hice a Tapusca en cuatro horas, para asistir a la mamá de Anita Quevedo, una anciana que murió al día siguiente. Parecida fue la que hice en la hacienda de Queromarca, al otro lado del río, para asistir a un anciano que murió igualmente antes de las veinticuatro horas. Más adelante contaré alguna de estas visitas a enfermos que resultaron especialmente pintorescas.

Entre mis actividades en Pucará, no era despreciable la de hacer partidas de bautismo; sobre todo al llegar la época de matricular a los niños en la escuela o la de presentarse para el servicio militar, me pedían partidas en cantidades abrumadoras. El problema era que no solamente resultaban más baratas que las partidas de nacimiento y más rápidas, sino que, además, eran el único medio de la mayoría de la gente de la zona para acreditar jurídicamente que existían. Naturalmente, estas partidas debían ser legalizadas por el juez, pero una vez cumplido con esto, tenían pleno valor oficial, por lo menos en nuestro territorio. Esto es lo que me perdía, permitiéndome al mismo tiempo hacer no poco bien a muchas personas.

El problema era que no sólo me daban muchas veces los datos mal, sino que además estaban los libros bautismales con no pocos errores y con las partidas mal ubicadas. En muchas de ellas habían dado los datos del niño los padrinos durante la fiesta y no siempre en estado sobrio. Si además los que pedían la partida me daban un papel en que en lugar del apellido del padre venía el del padrino era muy difícil encontrarla en los libros. Con todo, una partida que no se encontrara suponía a veces privar de personalidad jurídica a una persona. Saqué muchas a base de mil tanteos e inferencias que hubieran sido aprobadas por el mismísimo Sherlock Holmes, consiguiendo así que un niño pudiera ser matriculado en la escuela, o que una niña fuera admitida en un colegio de Lima o de Chiclayo.

A veces, llegaban muchachos del distrito de Sallique con aspecto cansado. Era un viaje de uno o dos días, según el caserío de origen, que solían hacer casi sin comer en el camino. Venían a pedir su partida de bautismo para sacar su boleta para el servicio militar. En algunos casos, se encontraban con la desagradable sorpresa de tener uno o dos años más de lo que ellos pensaban, y me rogaban desconsolados y ofreciéndome dinero, que les quitara los años que les sobraban. En los casos de violación de una menor, o en el más corriente en que un muchacho se hubiera escapado con ella, me pedían las partidas el juez, por una parte, o los padres de los interesados por otra. La edad era, naturalmente, el dato fundamental para ver si había habido delito y la gravedad del mismo. A muchos padres les interesaba más vengar su honor ultrajado que recibir de nuevo en su casa a una hija menor que había dado un mal paso. Recuerdo el caso de un señor que no estaba satisfecho con los años de cárcel que correspondían al muchacho que se había escapado con su hija, y me pedía que le pusiera a esta en la partida unos años menos para que la pena fuera mayor. Lo grave es que quien me pedía esto era el gobernador de un pueblo no muy lejano. Y el gobernador representa en un pueblo al Jefe del Estado. Le hice ver que, en estas condiciones, un país no podía funcionar bien. Le costó muy poco trabajo darme la razón, con muy poca convicción, al ver que no podía conseguir lo que le interesaba. Ese mundo de las partidas de bautismo era «todo un mundo». Yo no podía encargar todo eso a una persona de confianza, pues a las madres ni les era posible, ni se lo quería pedir. No era esta su misión.

Lo que se pagaba por cada partida, eran diez soles (entonces 20 centavos de dólar) y había días en que no se pedía una sola partida. El negocio no permitía sostener a una persona que se encargara de él.

Eso es, más o menos, lo que constituía mi trabajo en Pucará, sin otro descanso que ir una vez al mes a Jaén, que estaba a ochenta y nueve kilómetros, esto es, de tres a cinco horas de carretera según la camioneta o camión que le designara a uno la suerte. Pero los caseríos de los distritos de Pomahuaca, San Felipe y Sallique, quedaban sin atender, con todas las escuelas que me estaban encomendadas. En los comienzos tenía al viejo «Willy», con el que iba varias veces al mes a San Felipe, recorriendo los sesenta y un kilómetros, de ellos diecisiete de subida por una carretera difícil, averiada y casi intransitada, en la que me estrené volcando y cayendo encima del hermano Mondéjar, que ultimaba mi aprendizaje de conducir. Pero la necesidad de llegar en el mismo día a Pucará me obligaba a celebrar la misa a media tarde. Muchas veces confesaba a los alumnos en su escuela para que pudieran asistir a misa. Pero el tiempo con que contaba era reducidísimo. Pensaba en lo pertinente que hubiera sido una absolución colectiva. Pero ¿para qué? ¿Para tener que repetir lo mismo en la próxima visita?

Solía ir los sábados por la tarde a Pomahuaca, que estaba a veinte kilómetros de Pucará. Tenía la misa en la noche, con notable concurrencia y confesiones, mientras don Elías, el síndico, o su hija Consuelo llevaban el rosario. Tenía que regresar en la noche por aquella carretera que, en la mayoría de su trazado, no admitía el cruce de dos carros. Como me tenía que cruzar con todos los camiones que escogían precisamente la tarde o noche del sábado para ir de Jaén a Chiclayo, y a mí me tocaba circular del lado del río, pasaba no poco miedo cada vez que tenía que dar marcha atrás para dar paso a un camión. Si nunca fui a parar al río fue porque la providencia de Dios y sus ángeles cuidaban de mí.

Atendía, así, sólo dos pueblos más y de un modo bien precario. Pero todos los caseríos de estos distritos, y el lejano distrito de Sallique, que para mí no era más que un nombre y una zona en el mapa, quedaban sin atender. ¿Qué más podía hacer? No podía ser por más tiempo eremita. Necesitaba una ayuda y se la pedí al padre provincial. De esta forma vino a Pucará el padre Calabor como párroco y como superior, quedando yo encargado de los distritos de Pomahuaca, San Felipe y Sallique.

VII. UN ANCIANO CON ROSTRO DE PIRATA

Uno de los libros que más me gustaron, siendo niño, fue *La isla del tesoro* de Stevenson. En cuanto la empecé, no pude dejarla de las manos. Complementada con otras lecturas, me dio una idea bastante completa de lo que debe ser un pirata. Por eso, cuando vi por primera vez a don Silverio en Pucará, doblado bajo el peso de los años, caminando trabajosamente apoyado en un bastón que a mí me parecía una muleta, mirando aquella nariz aguileña entre dos ojos que lanzaban miradas desafiantes, al ver todo eso, digo, me daba la impresión de contemplar a un pirata tan auténtico como «Perro Negro», o como otro cualquiera de los que había conocido en mis novelas. Me lo imaginaba lanzando cuchillos que se quedaban temblando en el mástil de una goleta misteriosa. Una cosa era cierta, en medio de tanta imaginación: que, en punto a beber aguardiente del más fuerte, don Silverio no cedía ante ninguno de estos personajes de novela, aunque lo hubiera hecho tal vez muchas veces en forma de ron. Toda su vida era una prueba de esto.

Nunca vi a don Silverio en la iglesia, pero siempre me saludaba al pasar. Buscaba yo una ocasión oportuna para entrar en contacto con él, y ésta no tardó en llegar. Fue una noche en que llovía a cántaros y hacía un fuerte viento huracanado. Fuertes golpes en la puerta me arrancaron de las profundidades de mi primer sueño. Mire estúpidamente a las dos mujeres que, en la puerta, defendidas de la lluvia con un plástico, me pedían los últimos sacramentos para don Silverio. No fue fácil llegar a la casa. El viento arrojaba la lluvia contra nosotros, y la luz de mi automática no bastaba para evitar todos los charcos.

En una casa de dos habitaciones, donde reinaba el desorden normal en estos casos, había varias personas atendiendo a don Silverio, que daba gritos de dolor. Una de ellas era el sanitario, que iba a ponerle una inyección para calmárselo. Con esto, el hígado de don Silverio, tan maltratado por la bebida, reaccionó favorablemente a la primera caricia que recibía y tuvo unos momentos de relativa calma. En medio de esa crisis dolorosa, preparé a don Silverio como pude y le di los últimos sacramentos. Al salir a la calle cambié impresiones con el sanitario. Ni él ni yo le dábamos mucho tiempo de vida.

Pero esta vez, la ciencia se equivocó. Quince días después, don Silverio hacia las primeras salidas de su casa, apoyado en su bastón. Un par de meses después hacía vida normal. Siguió sin aparecer por la iglesia; pero cada vez que se cruzaba conmigo gritaba con voz estentórea: «¡Ahí va el padre misionero!»

Pero, meses después, las cosas variaron. Don Silverio tenía una casa, por no decir una choza, junto a la misma orilla del río, pues la casa en que yo le atendí era la de una hija suya. El río había crecido mucho y la casa de don Silverio corría peligro inminente. Vino un grupo de vecinas y de vecinos y le conminaron a que abandonara la casa. Irguiendo su cuello de aguilucho, les contestó altivamente, que el capitán debe hundirse con el barco. Sin hacer caso de sus protestas le levantaron en vilo y le sacaron de la casa, que no tardó mucho en ser arrastrada por el río.

Por aquel tiempo estaba en Pucará el padre Calabor y decíamos cuatro misas los domingos. Y de la noche a la mañana, comenzó a venir don Silverio a la iglesia para oír, sentado en el primer banco y apoyando su barbilla en el bastón, una tras otra, las tres misas que se decían en la mañana. No hay duda de que pretendía recuperar muchas de las que había dejado de oír en su vida. Una mañana, la iglesia estaba vacía, y creí llegado el momento para dialogar con don Silverio. Me acerqué a él, me miró y me dijo:

—Padrecito, como ve usted, ya vengo a la iglesia. Porque Dios me ha mandado un castigo. Sí, fue un castigo muy grande —decía con cierto orgullo y satisfacción— el río se llevó mi casa. Fue un gran castigo. Lo que yo quiero, sabe usted, es salvar por lo menos el espíritu. El espíritu, porque el cuerpo, cuando uno muere, lo llevan al camposanto, y no queda ni el esqueleto.

Le mostré la hermosa imagen del gran crucifijo que estaba encima del altar mayor, y le dije que el cuerpo también lo íbamos a salvar, porque, así como Jesucristo, después de morir por nosotros resucitó, así nos iba a resucitar a nosotros al fin del mundo. No sólo el alma, el esqueleto también con todo el cuerpo. No me puso la menor objeción. Todo lo contrario, la exclamación que le brotó espontáneamente de los labios era la de un hombre que acababa de encontrar la solución de un problema que le ha intrigado durante mucho tiempo. Fue una sola silaba: «¡Ahhh!» No dijo más; pero no había duda de que había comprendido y que aceptaba la explicación con una respuesta de fe.

Me llené de alegría y sentí mucho que no hubiera estado allí el padre Guallart. Había pasado por Pucará hacía unas semanas y habíamos tenido una discusión de sobremesa. Sostenía Guallart que la gente con la que tratábamos, aunque hablara castellano como nosotros, no nos entendía absolutamente nada. Yo le concedía que la mentalidad era muy distinta, y que tal vez perdíamos un ochenta por ciento de nuestros mejores esfuerzos; pero quedaba un veinte por ciento que era captado por la gente de buena voluntad.

—No te entienden nada, ¡absolutamente nada! –me gritaba Guallart acaloradamente. Cerro la discusión con estas palabras:

—¡Bueno! ¡Ya estoy cansado de discutir!¡Me voy a dormir la siesta!

La discusión no me había dejado a mí en condiciones de dormirla. Más aún, al ver vibrar las barbas de Guallart en los puntos más calientes de la discusión, me quedé con el temor de si, con mis palabras, no habría herido a aquel misionero veterano, con el que trataba casi por primera vez, a quien admiraba tanto por su veteranía en la misión, como por sus conocimientos de geología y antropología.

Todos estos escrúpulos tardaron en disiparse, lo que tardé yo en pasar junto a la ventana del cuarto de Guallart. No habían pasado apenas dos minutos y roncaba plácidamente. La discusión no había alterado lo más mínimo el ritmo de su sistema nervioso vegetativo. Por eso, decidí seguir manteniendo tenazmente mis puntos de vista ante Guallart. Me conformaba a rebajar, si él quería, mi veinte por ciento a un quince, y hasta a un cinco, si era necesario. Pero Guallart debía concederme que aquellos hombres y aquellas mujeres nos entendían, por lo menos «algo». Porque si así no fuera, toda nuestra vida apostólica carecía de sentido. Era difícil, pero no había ninguna necesidad de pensarla más difícil de lo que ya era.

Nunca me concedió Guallart ni siquiera esto; porque nuestra discusión acababa sólo de comenzar, y se prolongaría durante años sin que ninguno de los dos quisiéramos ceder. Por eso, sentí vivamente que Guallart no hubiera escuchado aquel «¡Ahhh!» de don Silverio, que era todo un tratado de teología y de antropología.

Una cosa estaba clara: que don Silverio sabía que tenía espíritu y que lo tenía que salvar, que el camino para ello era la oración y sobre todo la misa. Pero ¿por qué pensaba don Silverio que Dios le había enviado un «castigo» cuando vio desaparecer su casa en las turbulentas aguas del Huancabamba? ¿Fue iluminado por una luz especial? Pienso que sí. Pero esa luz aprovechó la religiosidad popular, cuya savia atravesaba a don Silverio sin que se diera ni siquiera cuenta, religiosidad en la que la idea de «castigo» representa un gran papel, ciertamente exagerado muchas veces, pero sumamente útil en otras, como se ve por el ejemplo. Con todo, lo que tiene que ver con la acción de la gracia, será siempre para nosotros un misterio.

Mucho me gustaría, cosa que espero realizar, en el día de la resurrección universal, poder felicitar a don Silverio por haber salvado no solo su espíritu, sino también su esqueleto y haber encontrado una mansión más permanente que la que el río se le llevó.

VIII. LAS VISITAS A LOS CASERÍOS

Mi antecesor, el padre Sánchez Gil, me dejó una lista de numerosos caseríos que yo debía visitar, por lo menos una vez al año. También me dejó un «Willy» con el carburador roto a veinte kilómetros de Pucará, que en averías y repuestos suponía un gasto por encima de mis posibilidades. ¿Cómo visitar tantos caseríos y tan lejanos? Sallique estaba a 46 kilómetros de Pucará, por la carretera general, más ocho horas de mula. Estaba a cinco horas de camino de San Felipe que, a su vez, estaba a 63 de Pucará, 46 por la carretera general más 17 por una carretera secundaria por la que había días que no circulaba un solo camión y solía dañarse en tiempo de lluvias. Desde Sallique hacían falta dos días para llegar a Mazín, el caserío más lejano. Pomahuaca estaba a 20 kilómetros de Pucará. Cada uno de estos distritos tenía unos diez caseríos o doce con sus escuelas correspondientes. No había entonces ni un solo catequista en mi zona, pues cada uno de estos tres pueblos o distritos estaban formados por comunidades indígenas y no habían experimentado la inmigración de serranos de Cajamarca, sobre todo de Chota y Cutervo, que es de donde procedían casi todos los catequistas de la prefectura apostólica. Otra cosa fue más tarde, cuando se comenzaron a dar cursillos y a formar catequistas. En San Felipe, aparte del sacristán indio, don Desiderio, a quien encontraba siempre para ayudarme en las fiestas, había un grupo de señoras piadosas, que se reunían para rezar el rosario, hacer el mes de mayo, del Carmen, y del Sagrado Corazón. Era uno de los distritos donde los hombres más fallaban, aunque no faltaban algunos a la iglesia durante el año, pues en la fiesta iban casi todos. Igualmente, en Sallique había un buen rosariero, don Cristóbal. En Pomahuaca estaba don Elías Guevara, padre de una familia numerosa; él o su hija Consuelo llevaban el rosario, y cuidaban de la iglesia. Jamás encontré entre los hombres con quienes trate en el Vicariato, un hombre tan honrado, tan trabajador, de conducta tan intachable y tan buen cristiano como él, exceptuando un catequista de Zapotal, célebre en el vicariato con el que traté muy poco. Jamás vi a don Elías con una copa de más; le vi muchas veces luchando contra mil dificultades económicas y superándolas siempre a fuerza de trabajo.

Cuando llegó de párroco de Pucará el padre Calabor, me pude dedicar a visitar caseríos a velas desplegadas, pero sólo hasta cierto punto. Cuando el padre Calabor hacía sus numerosos recorridos por el distrito de Colasay, aunque yo era libre de visitar los míos, mi conciencia no me permitía dejar Pucará solo.

El primer caserío que pude visitar fue Atoye, a una hora de Pomahuaca. Fue una caminata de un grupo de personas a pleno sol. La profesora doña Ennoé Guevara con su hijito en brazos nos tenía preparada una comida con abundante yuca, arroz y gallina, con café. Pedí un poco de agua y todos me miraron extrañados:

—¿Cómo la quiere usted, caliente, fría, hervida o cruda?

Me dirigí a don Elías y le pregunté:

—¿Ustedes nunca beben agua en las comidas?

Me sonrió maliciosamente y me dijo con énfasis:

—Cuando tenemos sed.

Después de una caminata a pleno sol durante una hora, yo era el único que tenía sed. La escuela tenía cuarenta alumnos. Pregunté a Dona Ennoé cuántos de ellos habían hecho la primera comunión: «Ninguno, me contestó, usted es el primer sacerdote que ha llegado a este caserío». Tuve tiempo aquel día de prepararlos bien, y terminar con una misa en la que comulgaron los que sabían lo suficiente. Muchos de los caseríos que fui visitando estaban en las mismas condiciones, aunque llegar hasta ellos era mucho más difícil: Amilán, Nudillos, La Tashaca, y muchos de Sallique.

En mis visitas, solía pasar el día en la escuela con los alumnos. Dos catequesis en la mañana, una antes y otra después del recreo; examen de los alumnos, uno por uno, en la tarde y confesiones para los que quisieran. Los cantos de la misa los ensayábamos en plan de descanso en las catequesis. Terminábamos con la misa, generalmente en la mesa de la escuela, con abundantes comuniones, siempre muchas de ellas por primera vez. Desde el primer momento, quedaban descartados muchos alumnos, pues como me dijo el padre Calabor y comprobé por la experiencia, en nuestra zona era muy corriente que los niños de ocho años y aún de más, no hubieran llegado al uso de razón.

Los muchachos, al llegar a sus casas, avisaban a sus padres de que en la noche iba a haber misa, rosario, confesiones, bautizos o matrimonios. Prácticamente, acudían todas las familias del caserío, llevando las mujeres sus hijos pequeños de la mano y a la espalda, y muchas veces se alumbraban con candiles de aceite en su largo y empinado camino. Mas de la mitad de las mujeres iban descalzas. El contar con luz en la escuela para la misa de la noche era a veces un problema, a veces algún potentado traía un petromax o por lo menos un modesto farol. Por lo menos, nos veíamos los unos a los otros, y en los peores casos, podía hacer las lecturas a la luz de una vela o de mi automática. No resisto una pequeña digresión acerca del día en que concelebré con monseñor Hornedo muy de mañana, en el día en que nos íbamos de Santa Rosa, después de su primera visita como obispo, en que nos habían hecho un gran recibimiento. Estaba amaneciendo, la iglesia era oscura y el misal que usaba Monseñor tenía una letra muy pequeña. Yo le iluminaba con una vela al rezar la colecta:

—Te pedimos, Señor… –¡acerca más la vela, por favor!– que ilumines los ojos de nuestras almas con tu luz celestial… –¡hijo!, ¡acerca más la vela!– ¿no ves que no veo?

El rosario servía para confesar yo mientras tanto, cuando había en el caserío alguien que lo pudiera llevar. Cuando no había nadie lo rezaba yo, y servía para que no se les olvidara, y para que algunos aprendieran el avemaría y el padrenuestro, además de hacer oración.

¡Qué hermosos resultaban aquellos rosarios en que todo el pueblo cantaba conmigo el «cristianos venid»! Era uno de esos cantos populares devotos, sencillos, que sabía todo el pueblo por tradición. No había por qué arrinconar, para dar a los cantos de la «Cena del Señor» un exclusivismo arbitrario, aquellos cantos populares transmitidos de padres a hijos y que todos comprendían bien. Esto no quita que la «Cena del Señor» no tuviera cantos hermosos y apropiados que se les enseñaban también. Pero para aquella gente sencilla, otros de los cantos que pudieran estar muy bien para una ciudad no resultaban más claros que una misa en latín. La misa, generalmente cantada por todos, resultaba especialmente devota en aquellas escuelas con tantas bancas y carpetas destrozadas, cada una de un tipo distinto, ocupadas por aquella población humilde y pobre que escuchaba en silencio la parte del sacerdote y participaba en el resto según sus posibilidades en cada caso. «¡Ve!, una rata», dijo una vez un niño de seis años en uno de los momentos más solemnes de la misa. Después de la misa, venían los bautizos y, a veces, los matrimonios. Otras había que ir a llevar la comunión a algún enfermo más o menos grave. Para instruir a los mayores, no me quedaba más tiempo que el de la homilía. Yo recordaba las palabras de la carta del moralista de Roma: «instrúyales usted todo lo que pueda». También antes de los bautizos y en la homilía de los mismos o de los matrimonios, instruía lo que podía. Al final me pedían que les bendijera agua o evangelizara a sus hijos, o a ellos mismos. Yo este aprecio tan grande por los sacramentales, ni lo fomentaba, ni lo restringía. Le daba a cada uno lo que me pedía si me era posible y cuando era oportuno. Recuerdo que solía terminar agotado, pues con frecuencia el ajetreo de todo el día era después de un largo camino con la pesada alforja, varias horas de caballo o a pie. Sobre todo, cuando el caserío estaba por encima de los dos mil metros, sentía un cansancio especial en las catequesis o al hablar a la gente. Yo sólo deseaba que me dejaran solo en la escuela, para tumbarme en el suelo encima de mi saco de dormir o donde fuera. Comprendo que hubiera estado mucho mejor conversar con todas aquellas familias, reír con ellos, y pasar un rato en el que conversáramos todos. Pocas veces me sentí con ánimo para eso. No me quedaban fuerzas. Ellos, por lo general, sentían apuro por regresar ya a sus casas; pues al terminar solía ser ya negra noche y brillaba en el cielo la Cruz del Sur.

A veces había que dormir en alguna casa particular, solo o acompañado, o encima de alguna mesa de la escuela, con colchón o sin él. De todo había. En todo caso, era hermoso despedirse de uno de esos caseríos lejanos, generalmente a caballo, después de haber visto comulgar a tantos alumnos y personas mayores. Generalmente, los hermosos paisajes que contemplaba en el camino hacían juego con la alegría que sentía en mi alma. Otras veces, era necesario apartarse del camino para visitar algún enfermo. Era un trabajo modesto, que otro cualquiera podía hacer, pero yo sabía que en aquel tiempo y en aquella zona, si no lo hacía yo, no lo iba a hacer nadie. Este trabajo modesto no lo hubiera cambiado yo por la actividad más brillante que pueda un hombre realizar en este mundo. Y no era idealismo; sino que valoraba las cosas en su justo valor.

Cada uno de aquellos niños a quienes había yo instruido, y enseñado a recibir los sacramentos, y les había dado con mis manos el Cuerpo de Cristo, cada una de las personas a quienes había perdonado los pecados y que habían ofrecido conmigo la eucaristía eran personas por cada una de las cuales se había encarnado el Hijo de Dios.

En una ocasión en que regresaba de atender a un enfermo grave, me invadía el sentimiento luminoso y gozoso de que, solamente por eso, merecía la pena seguir en el vicariato, aunque no consiguiera nada más; en otra, pensaba que aquella persona tenía el mismo derecho a un sacerdote que mi padre o mi madre en el momento de la muerte. Siempre regresaba contento. En una ocasión, había subido desde Pucará a un caserío que estaba a medio camino de Cañaris, pasando Chilasque, el caserío de donde procedían aquellas naranjas tan dulces que los cañaris nos traían al padre Calabor y a mí. Habían venido por mí unos cañaris a buscarme con caballos, para asistir a una anciana cañaris enferma. Sabía recibir los sacramentos perfectamente y se los di. Regresábamos por una zona llena de palomas salvajes que levantaban su vuelo en grandes bandadas. Y fue entonces cuando me vino la idea de escribir la «oración de un presbítero» que me publicaron luego en varias partes. Imité el estilo del beato Claudio de La Colombière, en su celebre acto de la confianza, sacado de uno de sus sermones. Es una oración que siempre me entusiasmó, desde que el padre Beláustegui me la dio a conocer, siendo yo congregante mariano. Me gustaba por su hondura teológica, por su devoción, y por el magnífico estilo en que se expresa el beato.

Como los cañaris habían cruzado el Huancabamba hacía unos cincuenta años y los castellanos les habían dado tierras en nuestra zona, tenía yo en Pomahuaca y Pucará mismo, varios caseríos cañaris: el Yambolón, Colaguay, Mangaypa, La Cascarilla, etc... Los visité a todos varias veces. Al amanecer, cuando salían las mujeres y las niñas a buscar agua, y las contemplaba con sus trenzas y sus vestidos, me parecía estar en un campamento de sioux o de seminolas. Colaguay era, sin duda, el caserío cañaris más fácil y más grato de visitar. Los alumnos, la primera vez que lo visité, sabían magníficamente el catecismo y eran unos ochenta. Se lo había enseñado una profesora excelente que tenían entonces, doña Dolores Colorado. No era raro que en mis salidas desde Pomahuaca subiera por Colaguay. Tenía una capilla, en la que no coincidían las líneas de la puerta con las de la pequeña ventana que estaba encima de ésta, que estaba evidentemente descentrada. La campana que el padre Sánchez Gil les había hecho fundir en Chiclayo había resultado «sorda» y resultaba un poco gracioso el oírla sonar. No era la catedral de Reims, pero era una buena capilla muy útil para las visitas, para la fiesta, y para el rosario cuando gozaron de rosariero. En Colaguay había, junto a la capilla, un convento donde siempre podía pasar el día y dormir en una cama de barbacoa cuyos guayaquiles se me clavaban en la espalda hasta que me acostumbré. Allí encontraba siempre al síndico don Esteban Huamán y a su esposa, que me daban de comer todos los días que quisiera estar allí, contentos de que les visitara. Muchas veces me rogaron que me quedara unos días más; y en alguna ocasiones, me quedé porque eran muchos los que deseaban una misa para sus difuntos. Era una ocasión de tratar con los muchachos y evangelizar a los mayores.

Pocas cosas hay más hermosas que el camino de Colaguay a Mangaypa, desde el que no se perdía ni un solo momento la maravillosa vista del valle del Huancabamba a vista de pájaro. Brillaban los tejados de Pomahuaca como las joyas de una reina rodeada de su corte de honor, representada por los numerosos caseríos que junto al río rodeaban el pueblo.

Mangaypa fue el caserío cañaris más duro que visité. Antes que yo, había estado allí solo Briones. Los muchachos habían estado muchos años sin escuela y muchos no dominaban el castellano. En mi primera visita a la escuela, solo un alumno pudo hacer su comunión. La noche que pase allí fue la siguiente del tremendo terremoto de Huaraz. Estaba durmiendo en el suelo dentro de mi saco de dormir, cuando me despertó una réplica violentísima del terremoto. Yo me esforzaba en salir de mi saco, y cuando lo conseguí y salí fuera, vi que la pared estaba completamente agrietada. Más tarde hubo que hacer por esta causa una escuela nueva.

Por la mañana, después de darme de desayunar, el teniente gobernador me prestó su caballo blanco para que pudiera ir a Amilán acompañado por su hijo de diez años que iba en otro caballo pardo. Antes de que saliéramos le amonestó severamente para que no intentara bajarme por un camino muy peligroso que era el más directo. No dudo de que fue el camino por el que el muchacho me llevó. El barro mojado por la lluvia era como una greda resbalosa como el jabón, y la pendiente rapidísima. No sé cómo no nos matamos. Yo me sujetaba fuertemente con mis rodillas y evite salir por las orejas. La bajada fue rapidísima. Una hora después, nuestros caballos bebían tranquilamente las aguas del río Manta, donde se reflejaba el cielo azul. El caserío de Amilán se veía casi al alcance de la mano. Solo tuvimos que subir tres cuartos de hora.

Los alumnos de Amilán me esperaban formados en la puerta de la escuela. Después de cantar el himno nacional, el profesor don Lucho Véliz tuvo un discurso de bienvenida. Siguieron declamaciones de poesías y algún canto. Luego fuimos a bendecir los cimientos de la nueva escuela, que iba a ser de una magnífica roca caliza blanca, porque la que existía entonces era una choza de quincha. Después de esto vino todo lo demás. Varias veces visité Amilán, donde el número de bautizos solía ser muy elevado, pues a aquella gente Pucará les resultaba demasiado lejos. Más de un día de viaje. ¿Cómo dejar a los otros hijos solos, con el peligro de que les robaran la casa y los animalitos? Allí tuve también no pocos matrimonios. El cerro que dominaba a Amilán en forma de cono estaba cubierto de una selva apretada donde nadie había penetrado. Abundaban allí toda clase de fieras salvajes y unos meses antes de ir yo allá bajaron dos osos a comerse el maíz. Los mataron e invitaron para comerlos a los de Nudillos, el caserío hermano que está a menos de una hora. Decían que tenían una carne muy grasienta. Las visitas que hice a Nudillos fueron más difíciles, pues las autoridades y la mayoría eran protestantes.

Una vez visité Amilán con el nuevo profesor. Coincidí con él en Pomahuaca, en la casa de don Manuel Hernández, donde me preparaban siempre la comida. Al saber que él iba a tomar posesión, le dije que, en ese caso, mi visita podía ser inoportuna y que la pensaba postergar. El me aseguró lo contrario: el aparecer en el caserío los dos juntos daba más relieve a su entrada. Era un hombre joven alto de aspecto honrado de treinta y tantos años. Le habían dicho que en Amilán iba a estar más cerca de Chiclayo, donde tenía la familia, que en la plaza que había cambiado por Amilán. Le habían engañado, pues esto podía ser verdad en línea recta, pero Amilán estaba perdido en la cordillera. Tardamos cuatro horas desde Pomahuaca en una larga caravana de caballos y mulos, por un camino agreste que atravesaba más de catorce veces el río, y el agua nos llegaba al vientre del caballo. Cada vez que atravesábamos el río decía el profesor: «Pero ¿dónde me han mandado a mí, con catorce años de servicio?» Yo, al principio, me reía; hasta que comprendí que lo decía en serio y me di cuenta de la tragedia de aquel pobre hombre. Un par de años después le encontré de profesor en Atoye, mucho más cerca ya de la carretera.

Fue una vez, a mi llegada a Amilán, donde entre la gente que había acudido a saludarme, se me acercó un hombre vestido con un poncho marrón, me dio un abrazo y me dijo con emoción: «Usted, padrecito, se ha acordado de nosotros, y ha venido aquí a este rincón del mundo para decirnos aunque sólo sea una palabra de Dios».

De todos los caseríos visitados de mi zona, los más difíciles eran los de Sallique. Allí, el nivel de vida era el más bajo, la ignorancia mayor y el frío muchas veces muy intenso. En uno de estos caseríos, el profesor era protestante, evangelista. Y sin saberlo, le pedí que me sujetara el lavador mientras bautizaba a unos niños en su escuela. Me dijo que no tenía dificultad en que hablara a sus alumnos, pues la mayoría eran católicos y en el Perú hay libertad religiosa. Exhortó a los muchachos a que procediera cada uno conforme a su conciencia. Aceptó con gusto una Biblia que le regalé. Le pedí que me dejara dormir en su escuela y con él, y se echó a reír, diciendo: «¿Para qué? ¿Para no ir a la casa donde el hacendado vive en adulterio con su segunda mujer?» Efectivamente, era por eso, y a él le pareció muy bien.

Antes de irme de aquel caserío, llamé aparte al hacendado. Me iba a dar unos machos magníficos que me iban a llevar a Sallique en pocas horas, y lo hacía un poco de mala gana. Pero era la condición que yo había puesto para visitarles; pues de otra forma no era posible llegar allá. Le avisé fraternalmente sobre la necesidad que tenía de arreglar su vida, pues no se puede ser católico y tener dos mujeres. Yo esperaba que me contestara con altivez y dureza, pues era hombre acostumbrado a mandar. Pero me contestó humildemente que estaba pensando en ello. Si arregló su vida o no, yo no lo pude saber; pero unos meses después, estando yo en Pucará me llegó la noticia de su muerte, de la cual yo le había hablado para convencerle.

Mis primeras salidas eran largas. Estuve a veces más de veinte días fuera de Pucará. Pero no era fácil recorrer. Se agota uno muy pronto, sobre todo, con el avanzar de los años. Lo que yo le daba a la gente era muy poco, pues no llegaba ni al mínimo vital. Pero era al mismo tiempo mucho, pues como me dijo Muguiro en una ocasión, cuanto mayor es la necesidad más valor tiene lo que se recibe. Yo notaba que los caseríos que habían recibido la visita anual uno o dos años seguidos habían mejorado; y que los que no la recibían quedaban más expuestos a hacerse protestantes. El problema es que no era físicamente posible visitar todos los caseríos ni siquiera una vez al año. Muchos fácilmente, sobre todo con los cambios de párrocos, estaban a veces cuatro o cinco años sin visitar. Y plegue a Dios que por fin se visitaran. Mucho me desconsolaba yo pensando en lo poco que podía hacer. Y mucho me consuela cuando pienso en esto recordar el dicho de San Ignacio: «Con ningún mortal, por pésimo que sea, se habla de las cosas de Dios, sin que de ello salga mucho fruto». Esto, creo yo, tenía plena aplicación en mis visitas a los caserios.

ORACIÓN DE UN PRESBÍTERO

(José María Carreras, S.J., misionero del Marañón)

El M. P. E. S. se complace en enviar a sus afiliados y amigos sacerdotes esta oración, síntesis del carisma y programa de acción sacerdotal.

Tengo tanta fe, Señor, en el carisma recibido por la imposición de las manos del obispo, que he decidido hacerlo revivir a toda costa. Y quiero hacer de esta decisión la base de todos mis proyectos.

Verdad es que tu poder creador pone en mis manos otras mil posibilidades magníficas. Y llegan también a mis oídos las voces de un mundo que, salido bueno y hermoso de tus manos, clama ansiosamente ser transformado y liberado del pecado que aprisiona aún sus estructuras.

¡Qué hermosa tarea contribuir a transformar todo esto con mi modesta aportación!

Pero, bien mirado, todas estas posibilidades magníficas, ¿qué otra cosa son sino caminos de acceso a este templo vivo y misterioso, donde desde el otro lado del velo, sanas, consuelas y enriqueces a los tuyos con estas acciones visibles, de peso infinito, que son tus sacramentos? Y si has querido utilizarme a mí como instrumento vivo, no pienso renunciar a esta vocación por ningún precio. Porque estas acciones mías y tuyas prolongan tu admirable existencia mortal en el tiempo y en el espacio. Cubres con ellas la faz de la tierra como la nube de tu gloria cubría el templo en los grandes momentos de la historia de Israel.

Pero no sólo has querido prolongar tu existencia en la tierra, sino que también has querido compartirla con nosotros. Y pones en mis manos tales poderes que ni siquiera tú mismo quisiste ejercitar plenamente hasta que llegó tu hora. La hora de tu glorificación, cuando por tu pasión y tu muerte fuiste coronado de gloria y de honor. Por esto, al compartir estas acciones contigo, me siento sumergido de lleno en tu misterio pascual. ¿Cómo voy a renunciar a todo esto?

No es, Señor, que no me impresionen y atraigan las cosas de la tierra. El cielo azul, la paz inefable de una noche serena, la arribada cadenciosa de las olas a la playa, todo esto me atrae y me hace sentir que Tú estás cerca. Me atraen como un imán la ciencia y la filosofía, con su multitud de problemas humanos y sus promesas con ropaje de ecuaciones. Me arrebata el arte. Cuando al arco de un violín arranca de las cuerdas las vibrantes notas de una sonata, o de un concierto de Vivaldi, me siento transportado a otro mundo. Y ¿qué decir de la amistad? La amistad natural, en todas sus manifestaciones, sigue siendo para mí una de las cosas más hermosas que has puesto en este mundo.

Pero, sobre todo, me hieren en lo vivo los graves problemas de la humanidad. La enfermedad, los extravíos colectivos, los atentados contra la dignidad humana, las tremendas injusticias que condenan a millones de seres a una existencia cruel y despiadada, todo esto me hiere profundamente. Por esto aplaudo y admiro a todos los hombres de buena voluntad que trabajan para poner remedio a tantos males.

Me duele todo sufrimiento humano. Pero, a decir verdad, nada me duele tanto como ver a esta muchedumbre inmensa de la familia humana caminando sin rumbo en la vida, coma un rebaño de ovejas sin pastor. ¿Es acaso una compasión alienante, propia de una piedad ya superada? ¿Acaso un infantilismo ingenuo que acusa falta de madurez espiritual? No, ciertamente. Pues todo esto lo sentiste Tú mismo. Y nada tuyo puede envejecer, ni perder actualidad, ni resultar inmaduro.

¿Cómo se salvarán todos estos hombres, si no hay quien les predique tu palabra? ¿Cómo se alimentarán espiritualmente, si nadie les da a comer tu Cuerpo? Y ¿cómo será la muerte de tantos, que parecen vivir en pecado, si nadie les lleva tu presencia y tu consuelo en sus últimos momentos?

Algunos teólogos, ante el problema de tantos hombres sin contacto sacramental contigo, discurren nuevas teorías sobre otras posibilidades de salvación y especiales iluminaciones en el mismo momento de la muerte. Ciertamente no está cerrado el camino de la fe para quienes sin culpa no te conocen como conviene. Pero no te has conformado Tú en satisfacer por nuestros pecados y en merecernos la gracia, desde un infranqueable anonimato. Nos redimiste dándote a conocer. Te fatigaste buscando a quienes nunca te buscaron y lloraste por quienes culpablemente están lejos. Confíen otros si quieren en teorías problemáticas. En cuanto a mí, sin negar que abres caminos desconocidos a quienes no tienen otros, he decidido proceder como si estos caminos no existieran, y poner toda mi esperanza en los signos salvadores que has confiado a tu Iglesia.

Por esto, no dejaré de bautizar al niño desvalido, sin padres conocidos, que me presenta una persona de buena voluntad. No vacilaré en emprender una ruta larga e ingrata para atender a un enfermo grave y mal preparado que, hecho ya una piltrafa humana, escuchará de mis labios, tal vez por primera vez, el mensaje de salvación. No me cansaré de confesar niños, ni reservaré para un grupo de selectos los misterios de tu Cuerpo y de tu Sangre que has entregado para todos los hombres. Y cuando fuere preciso, prodigaré las absoluciones bajo condición, tantas veces cuantas sea necesario; no sin angustia, es verdad, pero recordando también que fuiste, en tu vida mortal, amigo de ignorantes y de pecadores.

Esto es, Señor, mi programa que espero cumplir fiado en tu promesa: «Yo estoy con vosotros, hasta la consumación de los siglos». Sella, oh Señor, en mí tu promesa con las arras de tu Espíritu haciendo revivir su carisma y envía abundancia de operarios para tu mies.

Amén.

IX. UNA ENFERMA
EN LA TASHACA

La Tashaca ha tenido siempre, para mí, algo muy personal; pues era un caserío que consideraba en cierto modo mío. Hacía muchos años que se formó con familias procedentes en su mayoría de Huarmaca. Sus apellidos eran variaciones con repetición tomadas de dos en dos, de los de Ojeda, Bermeo, Zurita y pocos más. Hacía muchos años que existía el caserío, pero también en este caso era yo el primer sacerdote que ponía el pie allí. Había muchos alumnos en la escuela la primera vez que lo visité, tal vez unos ochenta; y la mayoría pudieron hacer la primera comunión. Tuve confirmaciones de niños y de adultos, pues si no utilizaba allí las facultades de la Santa Sede que me había comunicado Monseñor, ¿dónde las iba a utilizar?

En una ocasión, había ido yo a San Felipe a pasar unos días de visita apostólica y estaba gozando un día primaveral, cuando me avisaron de que en las cercanías de la Tashaca había una enferma grave. Nadie vino a buscarme, ni podían venir, pues no sabían que estaba en San Felipe. Salí de San Felipe después del almuerzo y comencé a bajar por la carretera que lleva a Piquijaca. Las blancas nubes se arremolinaban en el cielo azul empujadas por el viento. Parecían borregos. Al llegar a Piquijaca, me dieron una idea del lugar donde vivía la enferma, y le pedí a don Braulio Contreras una bestia para ir allí, pues otras veces me había ayudado: «No hay bestias» –me respondió. Le pedí que alguien me acompañara: «No hay aquí ningún chico ahora» –me contestó excusándose. Por lo visto, el acompañar a un sacerdote para asistir a una enferma grave no parecía una ocupación suficientemente importante para que la pudiera hacer una persona mayor. En todo caso, un niño. Me indigné. Les dije que llevaba caminando solo casi dos horas, sólo por ir a la enferma y nadie se quería molestar en acompañarme:

—Me regreso –les dije.

—Sí, padre, regrésese usted, porque si va solo, se va a perder –me contestó don Braulio.

—Me regreso y no voy a volver a este caserío nunca más.

—Mejor se regresa –insistió don Braulio.

—No, padrecito, no se regrese, que esta mujer está bien grave. Visítela –suplicó una mujer.

—Mejor se regresa, pero si, de todas formas va a ir allá, cuando el camino se divida en dos, nunca tome el de arriba, usted siempre tome el de abajo –me dijo don Braulio.

La tarde se me echaba encima. Por seguir siempre el camino de abajo, me encontré de repente con que el camino moría en la entrada de la galería de una mina de baritina. Retrocedí y tomé el camino de arriba hasta que se bifurcó otra vez. Volví a tomar el de abajo y volví de nuevo a encontrarme sin camino, pues este moría en otra boca de la galería de la mina. Lo mejor era ir campo a traviesa. El sol caía ya y doraba las hierbas. La maleza me hacía más difícil avanzar y comprendí que había cometido una imprudencia. ¿Cómo me había atrevido yo a internarme solo, al caer la tarde, por el macizo montañoso de la salvaje y solitaria Tashaca?

De repente, me encontré con un profundo acantilado a mis pies. El río corría debajo de un tremendo abismo. Intenté retroceder, pero no era fácil. Mis pies comenzaban a resbalar por la pendiente hacia abajo sobre un piso de arena silícea. Me agarre a una débil planta para superar el punto crítico dudando si iba a resistir. Si no resistía, mi cuerpo podía haber amanecido destrozado sobre cualquiera de aquellas rocas que contemplaba debajo, si es que no se lo hubiera llevado el río. Pero la raicilla resistió. Por otro camino conseguí bajar hasta el río. Y un rato después estaba atravesando, por décima vez, aquel torrente impetuoso, con agua a la cintura y los vestidos destrozados, agarrándome a las rocas para que la corriente no me arrastrara. Tenía que haber alguna forma de salir de allí; y por fin lo conseguí.

Me puse a caminar fuera del río por terreno llano, pero ya había anochecido. ¿Cómo podría yo volver a encontrar camino en aquel laberinto? El viento desgarró una nube, y una pequeña ventana permitió pasar un rayo de luna que iluminó la osamenta de un burro. Era la señal que me permitía identificar el camino. Ya no tenía sino que seguirlo y subir y subir. Quedaban solo un par de horas de subida para llegar a San Felipe. Era mucho para un hombre agotado. Pero el haber sorteado aquel peligro aumentaba mis fuerzas. Únicamente sentía no haber podido atender a la enferma.

Dos horas después, a la luz de la luna, contemplaba desde un altozano que dominaba al pueblo, a San Felipe durmiendo a mis pies. Solo una luz estaba encendida en la casa de doña Gertrudis Castorina Carpio. La señorita Castorina, educadora nata, era una de las almas más nobles del pueblo. Después de pasar la vida educando niños y elevando el nivel cultural de su tierra, cuidaba de su anciana madre de cerca de noventa años, doña Ventura. Un cuadro de la anciana en su juventud en una de las paredes de la casa, que yo había contemplado muchas veces, mostraba toda la energía de aquella mujer que los años no habían apagado. Doña Castorina me había convidado a almorzar y a comer muchas veces, sobre todo cuando me encargaba una misa. Si yo encontraba aquella luz encendida a mi llegada, estaba asegurada una cena reparadora. Pero también aquella luz se apagó. San Felipe dormía por completo cuando llegué.

Me arrojé malhumorado sobre el catre en la destartalada habitación del convento. Mi ropa estaba empapada de agua y sudor. Mi alma estaba empapada de desánimo y amargura. Sin embargo, no me he caído en el torrente, pensé. Y en cuanto a la enferma... tal vez dentro de unos días... Efectivamente, en otra visita que hice a Piquijaca, hice durante la misa un llamamiento para que alguien me llevara a la enferma, y sus familiares me vinieron a buscar en un caballo. La pude atender perfectamente.

X. OTRO PUEBLO
QUE SE SUMERGE

Cuando el padre Calabor tuvo que ir a San Ignacio a suplir unos meses al padre Martín Cuesta, me quedé solo en Pucará otra vez. Me encontraba, de nuevo, sin poder salir mucho de Pucará. Pronto iba a haber un motivo más para eso, pues fue aquel un año de lluvias extraordinarias.

Mirábamos todos cómo el río iba creciendo, y un día vi que se había llevado un muro de cemento que protegía el jardín. El día de San José amaneció con una sorpresa. El río se había llevado el gran puente de madera que comunicaba Pucará con los otros distritos de la orilla del Huancabamba, como Cañaris, Querocotillo, etc... En la otra orilla del río quedaban aisladas más de veinte familias de Pucará que no podían ya venir al pueblo a comprar víveres, pues el río venia crecidísimo.

Cuando fui a darle el pésame al alcalde don Juan Campos por la pérdida del puente, me dijo que era un asunto tan grave, que iba a salir con una comisión en dirección al Campamento del Milagro para pedir auxilio. Me pidió que me uniera a ellos; y le dije que ciertamente les iba a acompañar y a pagar mi parte alícuota de la camioneta que iban a alquilar. Pero a la media hora de salir de Pucará en la camioneta, en un lugar llamado Cilia, la carretera estaba cortada también por el río y nos tuvimos que regresar a Pucará. Unas horas antes había llegado el padre Hilario López diciendo que había tenido que caminar cerca de veinte kilómetros para llegar a Pucará, y en contra de mis sugerencias para que se quedara a descansar conmigo, había salido en una camioneta llena de viajeros para Jaén. Fue la última que pasó. No sólo nos habíamos quedado sin puente, sino que estábamos incomunicados por ambos lados de la carretera general.

Reunidos en el concejo las distintas autoridades, decidimos enviar un hombre caminando hasta Chamaya y desde allí al Milagro, en la forma que le fuera posible, con un oficio pidiendo ayuda al coronel del Milagro. El oficio se extendía sobre los graves peligros que ofrecía la destrucción del puente, el hambre, etc... y pedíamos un puente nuevo y ayuda de máquinas para restablecer las comunicaciones por la carretera general. Sugerí que se hiciera constar que parte del pueblo había quedado «aislada», lo cual se aprobó sin discusión, pero el encargado de redactar el oficio puso en vez de esto que «parte del pueblo había quedado arrasada». Como no había tiempo que perder puse mi firma y el sello de la parroquia junto con los de las demás autoridades. Pocas horas después salía nuestro correo dispuesto a caminar.

La madre Teresa Felipe y la madre Adela habían ido a Jaén para unos asuntos del colegio en la Zonal. Regresaron a pie los ochenta y nueve kilómetros en dos días, haciendo noche en el Puente Blanco. Habían pasado el

Pistolero hundiéndose en el barro y ayudadas por sus compañeros de viaje. Llegaron, naturalmente, completamente agotadas. Poco después llegaba caminando desde el km. 81 el hermano Arístides Estela. Se hospedó naturalmente conmigo. Una familia que venía con él fue alojada por las madres en el recién construido internado que estaba sin estrenar, pues el curso debía comenzar el 1 de abril. Arístides me contó cómo los restaurantes de la carretera se habían aprovechado de los numerosos viajeros detenidos elevando los precios de tal forma que para muchos era inasequible un plato de sopa. Me dirigí a la carretera y me encontré al alcalde, en compañía de un hombre maduro de aspecto joven y una mirada llena de energía. Era el subprefecto de Jaén, señor Arturo Vílchez, cuyo viaje había sido interrumpido y venía a pie desde el km. 81. Me invitó a una reunión en el puesto de la Guardia Civil que iba a tener con las autoridades del pueblo.

Entre las autoridades estaban el alcalde, el sargento de la Guardia Civil, comandante de puesto, el encargado del Campamento de Fomento, señor Falconi, pues el ingeniero se encontraba en la Costa, y otras personas que no recuerdo. El subprefecto comenzó diciéndonos que nos encontrábamos ante una catástrofe general de grandes proporciones; y nos describió con tintes sombríos la situación a lo largo de su recorrido. En la Costa llovía a torrentes. Las casas de Chiclayo y de los pueblos por los que pasaba la carretera se venían abajo ante una lluvia para la que no estaban preparadas. El ejército estaba en la calle socorriendo a los pueblos inundados. No podíamos esperar ningún auxilio de la Costa. Bastante hacían ayudándose a sí mismos. Nuestro auxilio tenía que venir del Campamento Militar *El Milagro*, que contaba con máquinas eficientes. En innumerables tramos, el río se había llevado centenares de metros de carretera. Antes de un par de meses no se podía esperar tener carretera.

Interrogó al encargado del Campamento sobre el número de máquinas disponibles. ¿Por qué había tantas averiadas? ¿Es que el personal ganaba lo mismo cuando su máquina estaba averiada que cuando trabajaba con ella? ¿Por qué el ingeniero estaba ausente del Campamento en época de lluvias? ¿Cuánta dinamita había en el Campamento? Resultó una cantidad irrisoria. Lleno de dinamismo, el subprefecto comenzó a dictar telegramas al Ministerio, a la Costa, al Campamento del Milagro y a otras partes que iba a transmitir la radio del Campamento.

Cuando se levantó la sesión, fuimos todos a ver el puente o, mejor dicho, el lugar donde estaba el puente que se había llevado el río. El subprefecto meditó unos momentos y dijo al alcalde:

—La solución es muy sencilla. Conocen ustedes el puente metálico que se ha construido para las obras del túnel transandino y que el río lo ha derribado al llevarse la tierra de un estribo. Es un puente magnífico que se puede desmontar pieza por pieza y traerlo acá. Ese es el puente que necesitan ustedes. Ponen un telegrama pidiendo permiso a las autoridades de Lima. No les contestarán. A la semana, ponen otro diciendo que en vista de que no hay dificultad ustedes se lo traen para acá. Tampoco les va a contestar nadie. Entonces, se traen el puente, lo montan y una vez aquí ¿quién se atreverá a quitarle al pueblo su puente? ¿Verdad, padre, que eso es lo correcto? –dijo dirigiéndose a mí.

—No sé, señor subprefecto.

—¿No es verdad que en extrema necesidad todas las cosas son comunes, padre?

—Así es. Lo que no me atrevo a decir es si la situación actual justifica esto en el caso del puente. Ni creo ser yo la persona que pueda decidir esto.

—Ya han oído ustedes al padre. Está de acuerdo; por lo menos, no está en desacuerdo. Se traen ustedes el puente y asunto arreglado.

Después de dormir en casa del alcalde, donde estuvo tomando cerveza hasta avanzada la noche, el subprefecto prosiguió en la madrugada del día siguiente su camino a pie hasta Jaén.

Con las colectas recogidas en las misas de los domingos y con el aceite y otros víveres de Cáritas que me quedaban, la archicofradía del Perpetuo Socorro organizó dos envíos a las dieciocho familias de la otra orilla del río que no tenían familiares en el pueblo, para ayudarles. Cada paquete llevaba el nombre de sus destinatarios, y era pasado en un gancho que colgaba por una polea en un pequeño cable que se había conseguido tender de una orilla a otra del río. Ese dispositivo hacía las veces de correo entre una orilla y otra. Desde la otra orilla se hizo la distribución con gran fidelidad. Todavía quedó leche en polvo para que los profesores y profesoras pudieran ayudar en la carretera a muchos de los viajeros que venían caminando y llegaban hambrientos y agotados, preparándoles continuamente café con leche caliente.

Ningún día paraba de llover. El río había crecido mucho y rugía amenazador levantando rodillos de agua fuerte al jardín de la casa. Unos pocos kilómetros antes del pueblo, el ingeniero Arrascue había traído magníficos espigones de malla de acero para proteger sus arrozales. El río se los llevó sin mayor dificultad.

Al desplomarse la tierra socavada por el río caía juntamente con los grandes árboles todo lo que había arriba. Los estampidos que se oían parecían descargas de artillería. La plaza de Armas estaba llena de gente, y muchos se habían encaramado encima de los muros y postes de la luz para contemplar aquel espectáculo imponente. La caída de cada árbol o de cada trozo grande de mi jardín era saludado con gritos de toda aquella turba. El río iba devorando el jardín y acercándose a la casa y la iglesia, la gente tocaba continuamente a la puerta, para darme consejos, hacerme advertencias o pedirme cosas. Dos hombres habían golpeado fuertemente mi puerta. Era para pedirme un montón de cañas que descansaba en el árbol mayor de mi jardín que corría peligro inminente. Intente disuadirlos, pero ya ellos se habían precipitado a coger las cañas. Poco después el árbol se desplomaba como todos los demás sobre el río con un estrépito ensordecedor. Cerca de la casa parroquial estaban desmontando los adobes de las paredes del canal municipal para salvarlos. Casi me obligaron a sacar de su caseta el motor de la luz. Un viejo motor que nunca quiso funcionar. Otros me aconsejaban que, ya que el río se iba a llevar la iglesia, sacara la calamina del techo para salvarla. Otros me aconsejaron que no las quitara pues dejar la iglesia sin techo ante aquellas lluvias era lo mismo que perderla. Como era posible que el río se detuviera en su avance arrollador, me decidí por lo último. Ya por la mañana había llevado el Santísimo y los libros parroquiales al colegio de las madres.

Aquella noche, el río se quedó lamiendo la pared de nuestro comedor. Su nivel había subido como unos siete metros y estaba un metro por debajo de la ventana levantando rodillos de espuma y agua de color de barro de una magnitud y energía impresionantes. Nunca he visto un espectáculo igual.

Aquella noche, las madres no nos permitieron dormir en nuestra casa ni al hermano Arístides ni a mí. Nadie dormía en las casas que daban por aquella parte al río. Estrenamos dos habitaciones en el dormitorio construido para las internas, todavía vacío.

Al día siguiente, el río seguía rugiendo. Decidí trasladar a la casa de las madres todo el resto de las cosas que tuvieran algún valor. Pero al ir a hacerlo, el pueblo golpeaba imperiosamente mi puerta. Me reclamaban sacar a la Patrona en procesión. Era imposible negarse, ni diferir esto, pues el pueblo estaba con los ánimos excitados y era tal vez más peligroso que el río Huancabamba. Además, pedían una cosa excelente que no se les podía negar. Cantamos cantos de penitencia y rezamos el rosario. Era mediodía y hacía un sol abrasador. La madre Socorro cargó todo el tiempo con una de las pesadas andas cuyo palo cargaba sobre su hombro. Muchos pedían a gritos que dejáramos la imagen en el lugar del puente mirando al río; pero conseguimos convencerles de que la lluvia la podía dañar. Al marcharse los fieles a su casa, Arístides y yo comenzamos el traslado. Aparecieron al momento las siervas de San José para ayudarnos a llevar las cosas. Nos ayudaron no pocos niños y muchachos a los que había que vigilar, pues al menor descuido llevaban un colchón o una frazada para su casa. Fue un traslado dramático.

Casi todos los días nos sobrevolaba un helicóptero militar observando el pueblo y el río y la carretera. Un día tomo tierra en un arrozal, y poco después me avisaban que el coronel del Milagro me llamaba desde el puesto de la Guardia Civil. Lo primero en que pensé fue en que me iba a pedir cuentas de la frase que habíamos firmado todos: «y parte del pueblo está arrasado», pero enseguida que llegué, avanzó el coronel sonriente y me tendió su mano, lo mismo hicieron los jefes que le acompañaban. Me invitó a sentarme, pues estaban allí casi las mismas autoridades del pueblo que habían asistido a la reunión con el subprefecto. El coronel nos dirigió la palabra:

—Sepan que el Gobierno Revolucionario está con ustedes y no les abandonará en sus problemas. En estos últimos días hemos observado la carretera y, sobre todo, hemos sobrevolado el Pistolero, tengo la satisfacción de decirles que allí hay base para una nueva carretera.

Bajó la voz y dijo, como hablando consigo mismo: «Y si no la hay, que Dios nos asista». Prosiguió dirigiéndose al encargado del Campamento de Fomento:

—Debemos coordinar nuestros esfuerzos, ustedes y nosotros. Nosotros con nuestras máquinas avanzaremos hacia Pucará y a ustedes yo les pido que con las suyas avancen hacia el Pistolero. Así nos encontraremos. ¿De acuerdo?

—De acuerdo, señor coronel –dijo Falconi.

—En cuanto a los víveres hemos traído bolsas con víveres que se venderán a veintidós soles cada una. Sobre todo, para las familias más pobres. Mañana, si el tiempo lo permite, regresará el helicóptero con más víveres.

Se dirigió a mí:

—En cuanto a usted, Padre, quisiera pedirle un favor. Que, en el colegio, las madres no exijan a las internas la llegada para el día 1 de abril. Muchas de ellas viven lejos, entre ellas, algunas hijas de militares de *El Milagro*.

—No creo que haya en esto ningún problema, mi coronel. Más bien, sería problema comenzar un internado el día 1 de abril con esa escasez de víveres y estando la carretera como está. Pero yo no soy el director de ese Colegio Nacional de Mujeres, sino las madres. ¿No quiere usted que nos acerquemos un momento al colegio para que la madre directora nos lo confirme?

—Estamos apurados de tiempo.

—La madre directora subirá con mucho gusto aquí, mientras ustedes terminan de despachar.

—¡Qué ocurrencia! –dijo caballerosamente el coronel–. Mejor bajamos al colegio un momento.

Las madres ofrecieron a los militares una limonada con pastas.

—No están ustedes tan mal de víveres –bromeó el coronel. Luego aceptó mi invitación de ver la iglesia y la casa.

—Padre, esto está en grave peligro. No permita usted entrar a nadie en esta habitación –me dijo señalando al comedor, cuyas paredes habían comenzado a agrietarse, y a través de cuya ventana se veían los rodillos de espuma parda del Huancabamba.

Una vez en el arrozal, fue un espectáculo ver despegar al helicóptero, que era gigantesco. Si hubiera tomado tierra en la plaza de Armas hubieran volado los techos de todas las casas. Regresó días después, pues la lluvia no lo permitió al día siguiente, y siguió la venta de bolsas de víveres. Al final se dieron cuenta de que, aunque en Pucará faltaban muchas cosas, al fin y al cabo, había arroz y yuca y dejaron de visitarnos. A San Ignacio lo estuvieron aprovisionando durante mucho tiempo.

Los militares habían declarado que no había motivo para establecer en la zona el estado de emergencia; sin embargo, habían evacuado a Lima en avión a sus familiares. Días después, el subprefecto don Arturo Vílchez, con la aportación de las cooperativas, había conseguido llevar a Jaén un avión lleno de víveres. Sin embargo, éstos fueron decomisados por los militares, pues según ellos, en tiempo de emergencia, les correspondía controlar y repartir todos los víveres.

Arístides tenía prisa en llegar a Chachapoyas y estaba dispuesto a caminar. Esperaba encontrar, en Chamaya, posibilidad de ir en carro. Salió de mañana temprano, con la modesta ayuda que le pudimos dar las madres y yo. También salió la familia que había llegado al mismo tiempo que él.

No paraba de llover. Una mañana, el señor Falconi le dijo que el río estaba intentando vencer el cerro que defendía Pucará, y que había peligro de que lo consiguiera y se precipitara dentro del pueblo. Me trasladé al lugar señalado y me pareció que no había tal peligro. Pero el señor Falconi llevaba muchos años trabajando en la zona, y tenía mucha experiencia del río. Discretamente, comenté con la madre Josefa Alejo, que era entonces la superiora, y estaba haciendo frente a los innumerables problemas con gran ánimo. Me contestó que cada una de las madres tenía ya la maleta hecha con su documentación, por si, en un momento dado, había que echarse al monte. Aquella noche puse tres veces el despertador para poder observar si crecía el nivel del río o se desviaba su curso. Pero todo estaba tranquilo.

Otra noche, se oyeron, en la otra orilla del río, en lo más recio de un fuerte aguacero, una serie de tremendos estampidos, y se vieron al mismo tiempo chispas en la ladera opuesta. Parecían disparos. Gran parte del pueblo corrió hacia la orilla y gritaba junto a la casa de las madres.

—¿Qué hacen ustedes aquí? ¿Qué sucede? –les pregunté. Se volvió hacia mí uno de ellos. Era el alcalde:

—Estamos velando por la seguridad del pueblo.

Pronto comprendimos lo que había sucedido. Era muy sencillo. La lluvia había socavado el apoyo de las enormes piedras, casi esféricas, que había a distintas alturas de la ladera opuesta, y estas se habían precipitado rodando, chocando con las peñas y levantando aquellas chispas; afortunadamente, no habían chocado contra ninguna de las casas dispersas que había en aquella parte.

Eran de temer las tormentas cercanas al pueblo. En una ocasión, uno de los torrentes de la entrada de Pucará creció y se llevó el puente de la carretera. En otra ocasión, las calles de Pucará se convirtieron en verdaderos ríos que arrastraban mesas, sillas, barriles y cerdos y otros animales, de las casas que habían inundado.

Las nubes comenzaban a darme alergia; y suspiraba por ver un trozo de cielo azul. No sabía casi nada de lo sucedido en el resto del vicariato. El coronel me había dicho que en la Selva las cosas estaban bien y que mis compañeros de allí no tenían que preocuparse, pues allí estaban también ellos (los militares) para ayudar. Sabía que, en el Recodo, un caserío no lejano de la carretera, el río se había llevado unas casas de adobe, y con ellas dos mujeres. En otro lugar, una familia con una vaca se había quedado en una isla en medio del río; y un grupo de hombres con cuerdas y neumáticos había conseguido salvarlos. Mucho más trágico era lo sucedido en Atoye.

Bajaba de Colaguay don Felimón Recalde, a quien yo conocía, y advirtió a los moradores de Atoye que se había formado un tapón de ramas y de barro en la quebrada que pasaba de allí y el agua se había remansado formando un gran embalse. Cuando se destaponara aquello corrían peligro todas las casas de Atoye que estaban junto al camino de Colaguay, junto al cual corría el cauce de la quebrada, normalmente seco. Había que evacuarlas inmediatamente y casi todos lo hicieron así. Dos familias se negaron a hacerlo y se acostaron tranquilamente aquella noche. Un par de horas después, caía sobre ellos una masa increíble de agua, barro, piedras y palos y los arrastraba a todos junto con las casas, de cuya ubicación apenas si quedaba la señal. De las catorce personas que fueron arrastradas, siete salieron por la misma fuerza de la corriente por los lados de la misma, se agarraron a ramas de faique, o a lo que pudieron y se salvaron. Aparecieron los cadáveres de seis de los siete restantes, el último no pudo ser encontrado.

Los siete desaparecidos eran hijos de un señor que vino a buscarme a Pucará para decir una misa en la escuela de Atoye. No recuerdo cómo pude trasladarme allá. Después de la misa, me pidió que fuera rezando responsos en cada uno de los lugares donde habían sido encontrado los cuerpos, y en una cruz donde había escrito los nombres de los siete. Partía el corazón ver la pena de aquel hombre.

Cosa increíble. A pesar de que los cadáveres habían sido llevados a enterrar a Pomahuaca, donde se les había hecho la autopsia, llegó una orden del juez de Jaén (a 109 kilómetros de Pomahuaca) ordenando que los cadáveres fueran desenterrados y trasladados allá para repetir la autopsia y al mismo tiempo se citaba a aquel padre de familia para que declarara. No es difícil pensar cual podía ser la finalidad de una orden tan inhumana, en una zona donde casi todo se puede arreglar con dinero.

Subí a Colasay a pie para tener noticias de las madres de allí, celebrarles la misa y enterarlas de lo que yo sabía. Se alegraron mucho de verme.

Por medio de Arístides Estela había enviado yo una carta a monseñor Hornedo, dándole noticia de cómo iban las cosas por Pucará. Hacia el final de la primera semana de abril recibí la siguiente carta:

JHS Jaén, 4 de abril 1971
R.P. Jose María Carreras S.J.
Mi querido P. Carreras:
No sabes lo que me ha alegrado tu carta. Sólo sabíamos lo que nos había contado Arístides Estela. Que no era poco. Ya veo que ha sido un destrozo, que ni las

105

palizas que alguno... Siento la mar que la casa esté tan destrozada. Has hecho bien en dejar la iglesia sin quitar calaminas... por si el río ya no crece más. Me imagino los sustos que habréis tenido. Y cuántas perdidas de toda esa gente tan pobre. Guisado te habrá contado de por acá. Mucho me gustan las noticias que me das de Colasay, y que hayas subido a atender a las monjas. Cierto que ni Calabor ni Ponce pueden venir. Ya se lo hemos comunicado. Y hoy se lo diremos otra vez. Vosotros tenéis el aparato estupendo transmisor ahí. Ojalá lo pudierais montar. Creo que el «Honda» puede funcionar. Con eso podríamos hablar todos los días. Tu celebrarás la Semana Santa ahí como sea. Va a ser duro todo eso para ti. Lo que te has mejorado en la «piel de toro»... lo vas a perder pronto... Menos mal que tus anchas espaldas no se pierden nunca.

El jefe de la Zonal está en Lima. Dicen que pronto regresa. Aquí nadie empieza los colegios. Por más que haya habido una orden de Lima obligando a empezar el primero de abril. Los internados, ni hablar. Ni la Normal, ni el Sagrado Corazón, ni el Seminario... hemos empezado, ni empezaremos hasta que esto pase.

Te envío 6.000 soles. Has hecho bien en haber procedido como lo has hecho. Ya me gustaría ir por ahí pronto. Mañana lunes me voy a Huarandaza, a hacer la Semana Santa. Tardare dos días en llegar. Uno andando. Y el lunes de pascua a San Ignacio, también andando. A ver si a la vuelta voy a Pucará y Colasay. Todo está incomunicado y sin gasolina. Por fin pudo salir en avión desde Bagua (El Valor) el padre Juan Manuel Martín

Moreno. Tiene unos dolores muy fuertes en el vientre desde hace tiempo. Estuvo en el Hospital de Bellavista unos días. Dicen que hay que operar pronto, aunque no parece cosa muy urgente. Hemos pasado lo suyo hasta que conseguimos embarcarle. Ayer sábado llegó a Lima. Iba con Javier Purón, que se va a España. Subió desde el Nieva haciendo una proeza, pues el río es algo horrible como va.

El padre Vallado en el bote del Cenepa salvó a tres militares en el pongo de Huaracayo. Había volteado el bote y les llevaba la corriente. Tardaron bastante tiempo en poderles coger. Antes había dejado a los misioneros seglares que bajaban con él en una orilla. Y después de salvar a esos tres, se volvió a salvar a los tales misioneros, teniendo que atravesar otra vez el Pongo. Y eran las siete de la noche. Están contentos esos seglares. La doctora a todo trabajar. Hay muchos enfermos en el Cenepa. Ni la madre Socorrista trabaja tanto... Toda la Selva está muy mal de víveres, y gasolina. Desde Lima Uriarte les va a enviar un avión a Ciro Alegría con cosas.

Carlos Purón sube a Chirinos, andando, a la Semana Santa. Y el padre Soto la celebrará en el Huito. Y entre tanto va preparando su cosmología.

A ver cuándo se regulariza todo esto para que tú salgas de ahí. Casi cierto va Martinho con otro. El bueno de Martinho encantado. Está dispuesto a todo lo que sea. Da gusto ver ese ejemplo a sus años. También Arana deja la parroquia cuando venga García Gómez. Me pide Fernando Vargas que envíe un padre a la misión a Chiclayo, pues Mazarro se va a Piura de prefecto de estudios y Cavanna a Chacra. Le he dicho que no lo encuentro. Cuesta estará la Semana Santa, y después enviará la Provincia uno. Ya sabrás que Cavanna ha estado muy grave. Con la extrema unción y todo. Fue una hemorragia muy rebelde después de una operación de amígdalas. Ya está casi bien. Al padre Serna le van a operar de apendicitis. Fariñas anda mal. En cuanto la carretera se arregle se va a Lima. No quiere de ninguna manera ir en avión. Me imagino que efecto de alguna muela infectada que tiene hace tiempo y alguna enfermedad más.

A ver si escribes tu diario con buenas apostillas espirituales a tu estilo. Sería bien sabroso.

Ojalá pronto te vea por esas tierras. Mis recuerdos a las Madres, Marina, Felicia.

Un abrazo
Antonio Hornedo.

Mucho me alegró esta carta, con noticias de todos los de la misión. Con los 6.000 soles (en aquel tiempo unos 140 dólares) pude hacer alguna obra provisional, que hasta que no se hiciera la definitiva, permitiera poder seguir viviendo en la casa parroquial y evitara el que nos pudieran robar. Es verdad que, hasta este momento, no se ha hecho ningún arreglo definitivo de los destrozos que produjo el río en la casa. Pues días después de haberse llevado todo el jardín y haberse quedado a pocos metros de la pared de la iglesia, se llevaba el comedor, aquel hermoso comedor en el que tantas veces habíamos comido con Monseñor y atendido a los huéspedes, y el dormitorio en el que pasé yo las primeras noches al llegar a Pucará.

Se plantea aquí la pregunta de si conviene reparar definitivamente todo esto. Y mi opinión, que es la de Briones, es que no. En nuestra lucha contra el río, lleva éste todas las de ganar. Y cuando crece en forma parecida a la que le vimos crecer, toda defensa es inútil. La única solución es retirarse respetuosamente del río, y hacer con el tiempo una casa y una iglesia nuevas.

Con motivo de haberse llevado el río nuestro comedor, las madres, a pesar de mis protestas, se empeñaron en no traerme la comida a la casa, sino en que comiera yo en un comedor que me destinaron para eso, en la entrada de su casa. Yo me negaba, por razones de elemental delicadeza, y porque me sentía molesto comiendo todos los días en casa ajena; y por si fuera poco, en un colegio de niñas en el que las profesoras y, a veces, las niñas podían verme comer al pasar. Hay personas que tienen un alma abierta, como los orientales, y no les molesta poner su intimidad a la vista de todos, en todo momento, cuando se trata de comer o de otros actos de la vida más bien privada. A otros más bien nos molesta esto. Así, Pío XII mandó prohibir la visita de ciertas dependencias del Museo Vaticano a determinadas horas, en las que él paseaba por el jardín y le podían ver paseando. Estaba en su derecho. Si el Papa no puede meditar tranquilo en su casa cuando se pasea, ¿quién lo podrá hacer? Sin embargo, Juan XXIII no sentía de la misma manera. El que los turistas le vieran pasear por su jardín, le traía sin cuidado, si no es que le gustaba. A Pío XII le desasosegaba. Decía Juan XXIII, cuando dio el permiso, que no importaba el que le vieran: «No estoy haciendo nada malo». Y era verdad. Pero la razón no prueba demasiado, tampoco Pío XII estaba haciendo nada malo. Son maneras de ser.

Yo pensé que el comer en la casa de las madres iba a ser provisional, cuestión de pocos días, pero luego vinieron otros sacerdotes a Pucará, cuyos gustos en esta cuestión parece que iban más en la línea de Juan XXIII que de Pío XII. El comer en casa de las madres en aquella habitación se convirtió en una servidumbre para éstas, que en algunos momentos debió resultarles penosa. Muchas veces vieron su casa, en la entrada desde la que se dominaba todo o casi todo lo de dentro, invadida por un número regular de huéspedes que iban de camino y se presentaban de improviso, incluso a veces a hora intempestiva. En esto, y en otras muchas cosas, las madres ejercitaron siempre una hospitalidad que a mí me parecía heroica. «Para eso estamos» –me decían, cuando estaba yo allí. Siempre he agradecido profundamente esta hospitalidad, y soy una de las personas que ha gozado más de ella; pero esto no cambia mis criterios, que se pueden resumir en una frase: «cada mochuelo a su olivo».

Pienso que cada comunidad religiosa debe tener una intimidad y defenderla, haciendo que los intereses del bien común pasen por delante de las conveniencias que miran a los bienes de los particulares. Pienso que, en una comunidad, un sacerdote no tiene por qué entrar, salvo un juicio mejor, en el comedor ni en la sala de estar, ni en nada que forme parte del espacio vital de una comunidad de religiosas, salvo una función de un servicio especial que lo justifique. Igualmente, sin una causa que no pueda ser evitada, una religiosa no debería ser admitida o invitada en el espacio vital de una comunidad de sacerdotes, si éstos son religiosos. Lo considero contrario a la vida de familia, y al ambiente de relativo silencio que debe haber en las casas religiosas.

En una misión puede haber casos que justifiquen el que un sacerdote o una religiosa sea admitida en el comedor o en la sala de una comunidad de religiosas o de religiosos respectivamente, si es de un modo ocasional y por poco tiempo, habiendo una causa grave. Esta es mi opinión, en lo que pueda estar equivocado me remito a la opinión de la Iglesia. Teniendo, sin embargo, en cuenta que en los tiempos actuales lo que se hace en muchas partes, en muchas cosas, por ejemplo, en el hábito clerical o religioso, no es lo que desea la Iglesia. A veces la solución no se ve a primera vista. Pero Dios nos ha dado la inteligencia para que pensemos, no para que sigamos el camino que exige el menor gasto de sustancia gris.

Mucho me he desviado de mi tema.

El caso es que a los días de mucha lluvia sucedieron otros de menos lluvia y, a éstos, otros en que se veía el cielo claro. Un día las máquinas que venían de Chiclayo llegaron a Pucará y siguieron adelante a encontrarse con las de *El Milagro*, que habían superado las tremendas dificultades de *El Pistolero*. Un buen día se presentó Isaac Cuartero en Pucará con dos maletas pequeñas. Ante mi sorpresa de verle allí me contestó que sólo había tenido que andar un cuarto de hora, pues las dos carreteras nuevas se habían ya casi encontrado. Pero me dio una sorpresa mayor cuando me dijo que venía a relevarme. Yo debía ir a Jaén a encontrarme con Monseñor.

Cuarenta y ocho horas después llegaba yo a Jaén y felicitaba al señor subprefecto, pues había ya carretera. Yo había pasado en la primera camioneta que lo hizo después de dos meses de interrupción. Le dije que todo eso era gracias a su celo. Me contestó que precisamente por su celo en aquel momento acababa de recibir un telegrama de que estaba subrogado. El caso es que, unas semanas antes, se había permitido decir por la televisión de Chiclayo que las comunicaciones con Jaén no estaban todavía restablecidas. El señor Ministro había afirmado poco antes lo contrario en la televisión de Lima.

—Si yo no me hubiera preocupado de nada y hubiera dado noticias contrarias a la verdad, como ha hecho el prefecto de X., hubiera recibido un telegrama de felicitación por mi celo, como acaba de recibir él –me dijo, filosóficamente.

Pensé que la vida humana tiene eso. A veces los hombres no saben apreciar muchos esfuerzos y aun años enteros de servicios y de sacrificios de una persona, que es retirada de su puesto para colocar a otra que no sabe responder como la anterior. Es la vida.

Me dirigí gozoso a hablar con Monseñor, que iba a decidir sobre mi vida durante unos meses.

XI. LOS BRUJOS

En una de las fiestas de Pucará, cuando mayor era el trabajo del padre que había venido a ayudarme y mío, se
presentó un hombre moreno, fuerte, de unos cuarenta y
cinco años, con pinta de chófer de camión, que eso es lo
que era en realidad. Venía temblando de miedo y reclamaba que yo me trasladara inmediatamente con él a Hualapampa, pues sucedían allí cosas tremendas. Las piedras
se levantaban de noche e iban a caer donde dormían él y
sus hijos. Mucho me hubiera interesado ir allí y liberarle
de sus temores. Pero entre ir y volver de Hualapampa
suponía abandonar Pucará un día entero en plena fiesta,
cuando tanta gente necesitaba de mis servicios. Un sacerdote viejo de Chiclayo le había dicho que se trataba sin
duda del demonio, que si él no fuera tan mayor le hubiera
acompañado a conjurar el lugar. No sé en qué pueblo de
Chiclayo me dijo que vivía ese sacerdote. El hombre se
marchó defraudado al ver que yo no iba a Hualapampa.

Pasaron los años. Un día me encontraba yo por el
kilómetro 81 buscando inútilmente un camión, una camioneta que me quisiera llevar. No pasaba ni un vehícu-
lo. De repente, vi acercarse un camión cisterna lleno de

113

combustible. Estos camiones llevan un asiento elevado al lado del conductor que es comodísimo. Con muy poca confianza de que se detuviera le hice una señal y se paró. «¡Suba usted!» Me instalé agradecido al lado del chófer. Un hombre moreno, como de unos cincuenta años. Viajamos en silencio unos minutos.

La voz del chófer me sacó de mis reflexiones:

—Padre, ¿no se acuerda usted de mí?

—Espere usted, bueno, en este momento...

—Yo soy aquel que fue una vez a Pucará a pedirle que viniera a Hualapampa, porque las piedras se levantaban del suelo... ¿se acuerda usted?

—¡Ah!, sí, ¡claro que me acuerdo! ¿En qué acabó aquello?

—¿Cómo iba a acabar? Eché las diez botellas de agua bendita que me dijo un espiritista de Chiclayo y ya no cayeron más piedras.

Pregunté sobre esto al padre Guallart y me dijo que era frecuente en la zona, y que quienes levantaban las piedras lo sabían hacer muy bien.

En cierta ocasión, apareció un brujo en Pucará, corpulento, moreno, venía de la Costa y en sus ademanes y modo de hablar se mostraba muy seguro de sí mismo. Avasallaba con su mirada llena de energía. Una hijita suya iba a la escuela parroquial.

Al poco tiempo, me enteré de que a una muchacha del Huabo que estaba loca le había cobrado diez mil soles, una cantidad elevadísima entonces, y la había dejado igual que estaba. A una enferma con cáncer de pecho a la que yo llevaba los sacramentos de vez en cuando, le había cobrado ocho mil soles. Los vecinos se indignaron y animaron al marido para que fuera a protestar a la Guardia Civil. Ésta obligó al brujo a devolverle la mitad.

Cuando el brujo iba por la calle la gente le contemplaba con respeto y decían cuando había pasado: «¡Ahí va el brujo!» Su audacia no tenía límites. Un día se presentó en mi despacho parroquial, me saludó, me alargó su mano y entró en materia:

—Padre, yo venía para un asunto caritativo. Hay cerca de aquí, en la altura, unos cristianos a quienes les molestan los espíritus. Hay que poner allí una cruz. Yo vengo a pedirle que me venda esa que tiene usted aquí. Le ofrezco 150 soles.

Se trataba de un crucifijo de plástico de anuncio de una casa comercial que colgaba de la pared encima de mí. Valía mucho menos. Le contesté:

—Ustedes, las personas cultas, deben enseñar a la gente ignorante que no existen los espíritus que anden por ahí vagando. Y quitarles sus temores vanos.

—¡Hay espíritus allí, padre!

—No hay espíritus. Además, ¿cómo se atreve usted a sacarle el dinero a la gente como lo hace? A esa pobre enferma de cáncer le ha quemado usted el pecho con agua caliente, la ha dejado como estaba y le ha cobrado usted ocho mil soles.

—Pero se los he devuelto.

—Le ha devuelto usted solo la mitad; y eso porque le ha obligado la Guardia Civil. Y a esa pobre muchacha del Huabo le ha sacado usted diez mil soles.

El brujo guardó silencio.

—¿Usted tiene algún título de sanitario, enfermero o algo parecido que le permita ejercer la medicina?

—No lo tengo –dijo con firmeza, mirándome fijamente.

—Pues yo le podría denunciar por todo lo que hace, porque tengo testigos.

—Yo tengo un testigo mejor, que es Dios –dijo señalando teatralmente al cielo. De repente, dulcificó su voz y esbozó una sonrisa:

—Bueno, padre, aquí no hay ningún problema. Usted no quiere venderme ese Cristo, pues no me lo venda. Adiós, mucho gusto en saludarle.

Me alargó la mano, giró dándome la espalda y salió dignamente de la casa con paso firme y seguro. Estuvo en Pucará unos meses más y se regresó a la Costa.

En una ocasión tuve que interrumpir mi viaje a Sallique. Una persona muy querida en un caserío estaba a las puertas de la muerte. Le di los últimos sacramentos y me pidieron todos que me quedara allí aquella noche para celebrar una misa por su salud. No me pude negar. Mejoró el enfermo y años después le veía, sentado a la puerta de su casa, cuando yo pasaba. Una persona me contó que la noche en que le di el viático se reunió el consejo de familia para decidir si se llamaba o no al brujo. Prevaleció la opinión de que, después de haber recibido la comunión, llamar al brujo hubiera sido un pecado mortal y no lo llamaron.

En otra ocasión, estaba preparando a los niños de Pomahuaca para la primera comunión en la iglesia del pueblo, y vino a buscarme un hombre con un caballo, para que fuera a casar a un enfermo que estaba muy grave. Era un hombre rico que tenía muchas vacas. Muchos le aconsejaban que vendiera una vaca y se fuera a Chiclayo a hacerse curar, pero no quiso. Le confesé, le casé y le di el viático y la unción de los enfermos. Un mes después hice una larga caminata para ver cómo seguía y llevarle la comunión si es que estaba aún vivo. Se me quejó de que el matrimonio y la comunión que le había dado yo le habían perjudicado mucho. Le pregunté por qué. La razón era que, al saber esto el brujo, se había negado a seguir curándole.

—No se preocupe por eso. Los brujos no curan.

—Sí curan.

Con todo, no me costó persuadirle de que se confesara otra vez y recibiera la comunión, poniendo su confianza en Jesucristo y no en los brujos.

Una profesora de Chunchuquillo que me invitaba siempre a comer me contó cómo hacían los brujos la «mesa» y cómo el momento central de este rito era beber el *San Pedro*, una mezcla de ingredientes entre los cuales figuraba el jugo de las rodajas de un cactus llamado *San Pedro*, previamente hervidas en la mezcla. El *San Pedro* tiene una cantidad regular de mezcalina. Las alucinaciones que provocan en el que lo toma son hábilmente explotadas por el brujo.

—¿A quién estás viendo ahora?

—A mi cuñado.

—¿Ves?, es tu cuñado el que con su envidia te está provocando tu dolor de estómago.

Una vez tuve en mis manos la carta de un brujo responsabilizando a una persona concreta de una familia de unos ataques de locura que tenía uno de los hijos. Éste me enseñó la carta.

En general, los brujos mienten, difaman, son causa de odios en una familia o en un caserío, y a veces alocan a los que caen en sus manos cuando les dan más *San Pedro* del que pueden tolerar.

Con todo, tienen una buena relación médico enfermo. Si en los países que van a la cabeza de la técnica hay tantos brujos, ¿cómo no va a haberlos donde faltan médicos y sacerdotes?

XII. UNA SEMANA CON BRIONES

Gerardo de Diego, en su inmortal soneto al ciprés de Silos dice:

> ...hoy, a orillas del Arlanza
> llegó hasta ti mi alma sin dueño.

Cuando llegué yo a los dominios del padre Briones, siguiendo los deseos de monseñor Hornedo, estaba en una situación parecida a la del poeta. Era un hombre sin destino, sin casa, golpeado por los elementos y por los hombres. Pero había ido a acogerme a la hospitalidad de Briones, a orillas, no precisamente del Arlanza, sino de la quebrada del Amojado que, en punto a caudalosa, nada tiene que envidiarle al Arlanza ni a ningún otro afluente del Duero.

El padre Antonio Briones es un producto puro de la Mancha. Cuando llegué yo a Pucará, se conocía ya Briones la misión de memoria y en la mayoría de los lugares donde estuve alguna vez, había estado ya antes él. Recuerdo que, en cierta ocasión, visitaba uno de los caseríos más lejanos de mi territorio. Tanto es así, que en mi viaje de regreso tardé cinco días en llegar a Pucará. Cuando me iba a acostar en el suelo de la escuela, en mi saco de dormir, me vinieron a pedir que fuera a un enfermo grave. El momento no podía ser más inoportuno, pues el día había sido agotador, la noche era negrísima y no traían caballo. Minutos después mi acompañante y yo íbamos metiendo los pies en el barro y en casi todos los charcos a la luz de un potente candil que despedía gran cantidad de humo. Tuvimos que saltar por encima de varias cercas; y más de una vez mi compañero tuvo que sostenerme. El camino era largo y malo, subiendo y bajando aquellas tremendas cuestas yo sudaba acongojado: «¿Es aquí?» «Un poco más allá, padrecito». Por fin llegamos. Hablé con el enfermo y le di los sacramentos. Era paralítico. No tenía otra posibilidad de recibir la comunión que la visita de algún padre, cosa allí casi increíble. Pregunté a mi acompañante:

—¿Ha venido alguna vez algún padre acá?

—Vino el padre Briones hace cuatro años y le trajo la comunión al enfermo.

Monseñor Hornedo no pudo contener su entusiasmo cuando le conté este episodio y dijo:

—Briones es un tío grande.

Briones apareció un día por Pucará y él mismo se presentó. Llevaba todos sus enseres en un costal de plástico; porque Briones no ha sido nunca lo que se dice un consumista. Su mirada tropezó con unas naranjas dulces, que había traído aquella tarde un cañaris de Chilasque:

—¡Hombre, naranjas! –exclamó complacido.

Y sin más, se las llevó a la cocina donde se hizo una naranjada, dejando en el lugar las cáscaras y las pepitas.

Mientras se dirigía al lavabo a lavar sus calcetines y otras prendas de ropa me fue dando explicaciones. Tendió una cuerda en el jardín, puso su ropa a tender en la cuerda, se fue a la sala, se sentó en la mecedora y suspiró. Luego, me dio una serie de consejos sobre la forma de trasladarse de un lugar a otro, dejando bien sentado que quien quisiera dar un solo paso en el vicariato tenía que tener una gran decisión para parar camiones y pedirles que le llevaran a uno, porque ellos solos no se iban a ofrecer. Poco a poco se iba quedando dormido y nos fuimos los dos a la cama. No vi a Briones al día siguiente al levantarme. Se había esfumado al romper el alba para proseguir su peregrinación con rumbo desconocido. Ése era Briones. Audacia y dinamismo para trasladarse de un lugar a otro. Cansancio, atonía y flacidez cuando llevaba demasiado tiempo en el mismo sitio.

Por aquellos tiempos, no todos en la misión aprobaban el talante apostólico de Briones. Por decirlo en pocas palabras, no les gustaba lo mucho que Briones concedía en sus proyectos a la imaginación. Una imaginación arrastrada por una inspiración poderosa difícil de frenar. Por ejemplo, si se trataba de ir desde Jaén a la fiesta de Sallique, esas personas pensaban que Briones debía tomar el ómnibus hasta el kilómetro 81 y pasar allí la noche arrullado por los murmullos del río Huancabamba, para proseguir el viaje al amanecer del día siguiente en las acémilas que de Sallique habrían ido a recogerle para llegar allá a la media tarde y poder tener las vísperas. Lo más que le hubieran concedido es hacer el viaje desde Jaén hasta el 81 en un camión. Pero los que así pensaban ignoraban

121

que los arrullos del Huancabamba se los sabía Briones de memoria. ¿Qué había de malo, si Briones, unos días antes, se iba al Puente Blanco, en la forma que tuviera por conveniente, tomara la carretera que va a Chunchuquillo y se fuera dirigiendo lentamente hacia Chontalí, deteniéndose en todos los caseríos donde tenía amigos, y de Chontalí pasaba a Pachapiriana? Esto le permitía a Briones acometer la gran empresa que solo él había realizado en todo el vicariato, hacer el camino de Pachipiriana a Sallique a través del páramo desértico y helado, donde más de una persona había pagado con la vida el atrevimiento de intentar atravesarlo, pues el viento helado que corría por allí secaba todos los huesos del cuerpo. Pero ¡qué hermoso placer el aparecer por Sallique precisamente en la dirección contraria por la que todos esperaban que iba a venir! Verdad es que todo esto tenía el peligro de que Briones se pusiera enfermo en el camino y no pudiera llegar a tiempo a la fiesta, o simplemente que no llegara, como sucedió alguna vez. Pero ¿acaso la vida no es riesgo? Creo que fue Nietzsche quien dijo que «hay que vivir peligrosamente». Y si vivir peligrosamente era hacer muchos viajes en camión y en camionetas en el vicariato, como efectivamente lo era, teniendo en cuenta los huaicos, los chóferes que se quedan dormidos, los que viajan sin herramientas y sin llanta de repuesto, los borrachos, etc., si eso era, digo, vivir peligrosamente, nadie en el vicariato daba a su vida un sentido tan pleno como Briones. Sin saber cómo, apenas oía el trepidar de un motor se encontraba ya instalado con todo su modesto equipaje, al lado del chófer. Pues tenía especial habilidad para que le ofrecieran ese puesto.

La dirección del viaje era lo de menos. ¿Qué lugar podía haber que no necesitara un sacerdote?

Cuando, siguiendo el deseo de monseñor Hornedo fui al encuentro de Briones camino del Chiriaco, le encontré en su residencia de Las Salinas donde había fundado una escuela. De allí nos fuimos al Muyo donde estaba haciendo otra escuela. La casa donde viví era prestada. Tenía puerta, de eso estoy seguro; lo que no recuerdo tan bien es si las ventanas se podían cerrar. El suelo era de tierra y se componía de dos habitaciones. En la primera estaba el sagrario sobre una especie de columna y con su lámpara encendida. En la otra habitación tenía Briones su modesto catre con un cubo de agua y un lavador en el suelo. Había además una mesa y una silla. Nunca pude saber si pertenecían a la casa o a la escuela, pues al ir de un lugar al otro cargaríamos siempre con ellas. Sólo eran unos quinientos metros. El sentido práctico de Briones le hizo comprender enseguida que yo necesitaba un colchón. Me llevó a una tienda y me dijo: «¡Escoge el que quieras!» La elección fue fácil pues eran todos iguales. Eran de paja y costaban 95 soles.

Se presentó el problema de dónde colocaríamos el colchón. A mí no me gustaba dormir con otro. Briones me concedió la otra habitación. Pero allí estaba el sagrario. Briones decía que moralmente el sagrario estaba en una habitación distinta; pero esta distinción moral no me pudo convencer. Después de discutir un rato, Briones propuso que, con paredes de plástico, se hiciera una habitación aparte para el Sagrario. El pagaría el plástico, pero yo debería colocarlo, pues él tenía mucho trabajo. Esto no disipaba todos mis escrúpulos, pero era la solución menos mala.

Nos bañamos una vez o dos en la quebrada del Amojado, que ofrecía mucho espacio vital, un gran caudal de agua y una arena silícea magnífica para tenderse en la sombra o en el sol. Fue en esos momentos de esparcimiento donde Briones me explicó el origen filológico del nombre de la quebrada. Los castellanos habían convertido en «amojado» el nombre aguaruna de «amuhú» que literalmente significa «la que crece». Efectivamente, era propio de aquella quebrada crecer repentinamente de caudal sin dar muchas veces tiempo de escapar. Por eso era una quebrada bien peligrosa.

Briones era muy celoso de la pureza del lenguaje, y protestaba de los cambios que se iban introduciendo que no respetaban los nombres indígenas antiguos. Así habían pasado a llamar «playa azul» al caserío de Hualinga de donde arranca la carretera de Colasay. Lamentaba vivamente que el nombre indígena del «Hambulusch», de un caserío entre Santa Rosa y la Yunga, fuera sustituido por el de «Nueva Esperanza». Briones no tenía tal vez suficientemente en cuenta que los hombres necesitan que las cosas les hablen, no solo con su presencia sino también con sus nombres, y que éstos estén en consonancia con lo que hacen las cosas, que a ellos les gusta imaginar con alma. Así pudo decir Virgilio *sunt lacrimae rerum*, esto es, «también las cosas lloran». Briones estaba metido hasta las cejas en su labor constructora y me pidió que me hiciera cargo de la parte pastoral. Por eso visité las dos escuelas del Muyo y el caserío de Aramango que está a unos tres kilómetros. Fue allí donde los profesores me pidieron que arbitrara un partido de fútbol. Di también a Briones mi modesto asesoramiento sobre un problema de resistencia del terreno.

Nuestras comidas eran en un restaurante de la carretera. Briones entraba allí con la indiferencia de un millonario de Miami, y preguntaba por el «menú», que era casi siempre el mismo. Luego, con el tino artístico con que un ama de casa coloca unas flores en la mesa, añadía Briones algún pequeño aditamento que hacía el menú más atractivo, alejando el peligroso fantasma del tedio de la vida. Era muy entretenido ver pasar, mientras comíamos, todo el tráfico que iba y venía en dirección a la Selva. Aquellas comidas eran uno de los momentos de recreo más entretenidos del día.

Briones se sentía más seguro de sí mismo en las mañanas que en las tardes. Cuando llegaba esa hora incierta del atardecer, el peso del trabajo de todo el día parecía caer de repente sobre Briones, y se sentía abrumado.

—¡Ay, Carreras! –me decía en tono lastimoso– no sé si celebrar misa. ¡Me encuentro tan mal! ¡Tan cansado!

Yo procuraba darle a la cosa toda la seriedad posible y le tomaba el pulso atentamente. Luego le decía con firmeza:

—Puedes celebrar bajo mi responsabilidad.

Nos dirigíamos a la escuela y Briones extendía sus corporales sobre una mesa que hacía de altar. Normalmente solían asistir, a aquella misa, unas pocas personas.

Un día puse a prueba la resistencia de Briones. Llevaba yo, siempre en mi alforja, un ejemplar castellano de la conocida obra de Heidegger, *El ser y el tiempo*, que me había regalado el padre Marina, superior a la sazón del territorio norte de la provincia. En mis visitas a los caseríos, cuando llegaba la noche lo leía a la luz de un par de velas. Llegué a entender algunas cosas que me han servido más adelante. Y llenaba el libro de notas y de observaciones. Aquel día, precisamente al caer la tarde, cuando Briones acababa de emitir uno de aquellos bostezos que presagiaban un derrumbe próximo de sus fuerzas vitales, le pregunté, con la misma indiferencia con que le hubiera preguntado sobre el mejor jabón para lavar la ropa: «¿Qué te parece ese párrafo?»

El párrafo que le leí, de *El ser y el tiempo*, hablaba del momento en que el «ser-ahí», que se hallaba inmerso en la vida banal y anónima del «hombre de la calle», comprende de repente su vocación, al ser levantado en vilo por el candente sentimiento de la angustia, y acepta su existencia auténtica de «ser-para-la-muerte» y su trágico destino.

Briones vaciló, como un bergantín goleta que acaba de chocar con un escollo, agitó los brazos como si un dentista le hubiera tocado un nervio con el torno y protestó gimiendo: «¡Por favor! ¡Carreras! ¡Me has matado! ¡Calla por favor!» Y llevando sus manos a la cabeza, se desplomó sobre su viejo camastro sudando un sudor frío y con un pulso pequeño.

Después de unos minutos de silencio, Briones se fue recuperando poco a poco. Contó un chiste de su tierra. Luego se incorporó. Y cinco minutos después me preguntaba si creía yo que él estaba en condiciones de celebrar la misa.

La personalidad de Heidegger era ciertamente muy distinta de la de Briones. No pretendo negar la libertad humana ni las posibilidades del genio. Pero es de creer que si Heidegger, en lugar de nacer bañado en las frías brumas germánicas y de hacer excursiones por la Selva Negra, hubiera nacido en la Mancha, y se hubiera dedicado más a leer nuestra novela picaresca, las inspiradas páginas de *El ser y el tiempo* estarían todavía por escribir.

El caso es que llegó un día en que mi misión en el Muyo había terminado y Briones me pidió que visitara, en nombre suyo, el pueblo de Santa Rosa. A la mañana siguiente, después de haber estado lloviendo toda la noche, me puse en camino.

XIII. EL DISTRITO DE SANTA ROSA

Cuando fui relevado de Pucará, pensé que mis aventuras con la lluvia habían terminado, pero me equivoqué. La camioneta que desde El Muyo me llevaba al puerto del Rentema se tuvo que detener, antes de llegar a Las Salinas, porque el barro no permitía seguir adelante. Descansé en Las Salinas unos minutos entre la fila de viajeros y vendedores de frutas, junto a la carretera mirando el tremendo acantilado, que parecía querer precipitarse sobre nosotros. Y efectivamente, una masa de muchas toneladas de barro comenzó a deslizar en la cumbre, e iba a enterrar una camioneta. Gritamos todos un grito unánime, y se dio cuenta de lo que pasaba y, dando marcha atrás, se libró por pocos metros. Intenté escapar de allí carretera hacia delante. Pero comenzaron a caer sobre la carretera grandes piedras. Si sólo hubiera sido por ellas las hubiera podido sortear corriendo, pero el barro donde se hundía uno casi hasta la rodilla no permitía correr. De los tres hombres que habíamos salido corriendo solo uno pasó. Los otros dos dimos marcha atrás que era lo que nos gritaban los dos grupos de hombres a ambos lados del río.

Me quedaba otra alternativa, pasar el río por el huaro de las Salinas y subir a la Yunga para pasar al día siguiente a Santa Rosa. Esto fue lo que hice. Una subida de cuatro horas en la que me cayó un tremendo aguacero. Llegué a la Yunga empapado a media tarde y allí me esperaba otra sorpresa. Todo el caserío estaba contemplando un cerro que se venía abajo amenazando enterrar al pueblo como había hecho ya con algunas casas. Aquella pobre gente llevaba toda la noche de vela vigilando los derrumbes del cerro que se producían con gran estrépito.

Celebré misa en la amplia iglesia de la Yunga que se llenó de gente y, al día siguiente, en un fuerte macho me pasaron la quebrada que venía muy crecida y me llevaron a Santa Rosa. También, a la entrada del pueblo, un cerro se había venido abajo con la lluvia y obstruía la carretera. El camino de la Yunga a Santa Rosa es muy hermoso y vi en él flores en los árboles que parecían orquídeas.

En Santa Rosa conocí a las religiosas mexicanas que me recibieron muy bien. Estuve con ellas una semana que aproveché también para visitar caseríos. Fueron visitas muy duras, algunas de ellas, por lo que tuve que caminar por el barro.

Regresé otras veces a Santa Rosa. Una vez para suplir al padre Marina en unos ejercicios que tenía que dar a los catequistas y no pudo por enfermedad. La mesa redonda con la que terminamos resultó para mí conmovedora. Uno de los catequistas más destacados, don Ángel, de Puentecillas, dijo la frase que más puede conmover a un sacerdote que lo sea de verdad: «¡No nos dejen solos!» Esto nos animó a las madres y a mí a pedir permiso a

Monseñor para organizar en Santa Rosa un cursillo de catequistas, pues, por aquel tiempo, todos se tenían en Jaén. Pero no a todos, sus posibilidades económicas les permitían ir a Jaén. Fue un éxito y repartimos los títulos en un acto al que asistieron las autoridades. Durante todo el cursillo tuvimos filminas sonoras, gracias al motor de luz que llevamos a peso de hombros desde el Rentema. Vi a la enfermera de Santa Rosa, la madre Denia, luchando por la vida de un niño deshidratado a base de suero que su madre había subido en brazos en una dramática subida de más de cuatro horas desde la playa, dejando los otros niños solos con su padre enfermo. La madre Denia me pidió que lo bautizara, y lo bauticé. Pero creo que se salvó. A la superiora, madre Sara, debe el pueblo, entre muchas cosas más, el haber conseguido la ayuda eficaz del coronel de *El Milagro*, que terminó en la actual carretera de diecisiete kilómetros hasta el puerto del Rentema. Algunas personas importantes, en el fondo, hacían labor pasiva en esta obra, pues tenían muchas acémilas y les convenía más que no hubiera carretera para seguir controlando ellos el precio del café.

Entre las cosas hermosas que hacían las madres de Santa Rosa, una de ellas eran los cantos que habían enseñado a cantar muy bien al pueblo, cantos que realmente movían a sentimientos sobrenaturales de adoración, fe, esperanza y caridad, y no eran como otros cantos que hemos tenido que soportar muchas veces, más apropiados para llevar en la mochila de los scouts, que para cantar en la misa. Era también una cosa hermosa el haber enseñado al pueblo a recitar los salmos y a tener las completas. Las madres hicieron un bien inmenso en Santa Rosa, antes de retirarse al Muyo e ir a otros pueblos donde siguen trabajando muy bien.

Uno de los recorridos que hice desde Santa Rosa, fue en uno de mis regresos de Jaén, visitando una serie de caseríos como Puentecillos, Vista Florida, La Totora y finalmente Zapotal desde donde atravesamos el Chichipe en una balsa que hacía agua y regresó con las justas a la otra orilla.

Santa Rosa es un pueblo donde roturó el terreno el padre Calabor, que estuvo mucho tiempo allí. Hoy cuenta con muchos catequistas y es visitado, cuando se puede, mensualmente por un sacerdote, que entre Santa Rosa y Puentecillos no se alcanza para las confesiones. Quiera Dios que se cumplan los deseos expresados por don Ángel, en aquella mesa redonda, y nunca les falte la visita, aunque sea periódica, de un sacerdote.

XIV. UNA AVENTURA EN EL PONGO DE HUARACAYO

Estuve pocos meses en la Selva y no pensaba decir nada sobre ella. Pero en estos días he recibido una carta de la madre Socorro, la enfermera que en Pucará me atendió cuando me dio mi primer cólico renal, cuando había salido a visitar a un enfermo lejano, y que me curó renunciando a unas vacaciones, o a un cursillo, para cuidarme unas fiebres tifoideas que me dejaron en los huesos. Esta carta me ha recordado mi estancia en el Chiriaco y dice así:

Chiriaco, 3 de mayo de 1983

Estimado P. Carreras:

No había sabido nada de su operación hasta que me llegó su carta; me alegro mucho de que se encuentre mucho mejor y seguramente que cuando le llegue esta ya estará casi repuesto del todo.

Hace unos días me escribía M. Pilar Celis y me lo comunicaba. Pues con las dichosas lluvias no tenemos correspondencia desde hace casi dos meses, lo único es la radio y es el único medio de enterarnos de cómo anda el mundo.

133

Yo estoy muy contenta, tengo mucho trabajo. Hemos tenido una campaña de vacunación contra la «Fiebre Tifoidea» ha sido un éxito, fueron dos semanas de mucho trabajo, fui a varias comunidades aguarunas por río, nos tocó el temblor que hubo en el departamento de San Martín, el mes pasado en el río Tuntungos en una canoa, impresionaba, pero yo me hacía la valiente.

Ya sabe que no faltan mordidos de víboras. Esta temporada es algo serio. Parece que tiene que haber todas las semanas uno. Pero como ya saben lo del suero antiofídico vienen rápido y salen adelante todos por muy mala que sea.

También hemos tenido epidemia de gripe en los internados. Así que me ha tocado moverme bien. He bajado 7 kg. y medio. Pero me encuentro con fuerzas y muy bien de los nervios.

Hoy he abierto la pierna a un aguaruna viejo, que hace 5 meses se había hincado en la cara anterior del muslo, unas espinas de caña. Le saqué cuatro y duró la operación casi dos horas. Terminé con el pulso bailando.

Estoy contenta de poder hacer algo por esta pobre gente que sufre tanto y que es tan buena. Vale la pena de carecer de muchas cosas para poder llevarles un pequeño alivio darles una palabra de aliento.

Por el mes de agosto voy a ir, para hacer ejercicios. Así que ya nos veremos. Un saludo atento y oraciones pidiendo se recupere pronto y no vuelva a molestar la piedra famosa.

Siempre unidos en el Señor. Socorro Ramos.

La operación de que me habla esta carta me recordó otras muchas hechas por esta hermana a las que asistí con el alma en un hilo, pues algunas fueron muy dramáticas aunque coronadas por el éxito. No voy a hablar aquí de ellas. La carta me recuerda también mis contactos con la Selva que voy a recordar brevemente.

La primera vez que fui al Chiriaco, para llevar en mi Volkswagen a unas madres de Pucará, estaba de enfermera la madre Aurelia, a la que había conocido cuando se entrenaba en Pucará. Me separó del grupo invitándome a ver el dispensario y comprendí que era para algo más.

Efectivamente, me mostró a un niño que llevaba en brazos una mujer aguaruna, que pensábamos que no entendía el castellano, y me dijo:

—El niño este que me trae esta señora. Va a morir con toda seguridad. ¿No sería bueno que lo bautizara usted ahora mismo para que se fuera al cielo?

En esto, la mujer aguaruna, madre del niño que sabía mucho más castellano del que habíamos pensado rompió a llorar y comenzó a dirigirse a la madre en aguaruna. Otra mujer nos tradujo sus palabras:

—Dice que, si el niño ha de morir, ella quiere que se vaya con Apajui, y que lo bauticen.

Le pedí permiso al padre Pancho, que era el párroco y superior, y como él estaba ocupado me lo dio al momento. Es el único aguaruna que he bautizado en mi vida, aunque pude preparar algunos para la comunión. En los meses en que estuve en El Chiriaco, di muy pocas clases a los aguarunas. Mi trabajo principal era atender a los serranos que estaban del otro lado del río. Para visitar a los del caserío de Tuntungos me venían a buscar en un bote, y surcaba las aguas en la misma quebrada en la que la madre Socorro aguantó con sus compañeras el tremendo terremoto de San Martin, que debía ser cosa brava aguantarlo en un bote.

En una de las visitas del padre Pancho, que entonces era superior de Santa María de Nieva, a los caseríos del río Santiago, los hermanos Garmendia y Silvestre que estaban con él, pidieron un sacerdote por unos días y yo me ofrecí.

El hermano Tarancón me llevó a Imazita donde cargó el bote que iba a salir de allí. Toda la noche había estado lloviendo. Envuelto en mi impermeable, me senté en el centro sin poder evitar meter los pies en el agua. Viajamos solos el motorista aguaruna, Pancucho, que se conocía el río como la palma de la mano y yo. Siete horas aguantando la lluvia y con el río al que acompañábamos en su crecida. Al pasar por el pongo de Huaracayo quedé sobrecogido al ver unos troncos enormes que giraban vertiginosamente arrastrados por el remolino. Cuando me enteré de que llevábamos almuerzo se me levantó el ánimo y almorcé con Pancucho. Aquella comida nos hizo entrar en calor.

—¡Han llegado ustedes con las justas! –nos dijo el hermano Garmendia que acudió a recibirnos con el sarakof puesto, en una lancha de motor–. ¡Nunca había crecido el río de esta manera desde que estoy aquí!

Después de estar una docena de días en el Nieva con los hermanos, regresamos con un cargamento de madera que llevábamos para el puesto del Cenepa. El hermano

Silvestre iba con nosotros y también nos pidieron que les lleváramos dos aguarunas. El río estaba creciendo y teníamos que luchar contra una fuerte torrentada. Pangucho se acercaba a la orilla y había momentos en que el bote permanecía quieto sin poder superar la fuerza de la corriente. Habíamos superado ya el pongo de Huaracayo que quedaba a unos doscientos metros a nuestra espalda y estábamos avanzando con dificultad cerca de la orilla derecha nuestra cuando, de repente se rompió un pasador, y Pangucho retiró el motor para repararlo quedando nuestro bote a merced de una corriente. Dos aguarunas agarraron cada uno un remo y el ansia con que comenzaron a remar, en un esfuerzo desesperado, me hizo comprender que el peligro era serio. Efectivamente, la corriente nos empujaba hacia el Pongo y se veía ya la roca contra la que nos íbamos a estrellar. Silvestre se agarró a la cuerda del bote, y saltó con todas sus fuerzas a la orilla a ver si la podía alcanzar. Le faltaron unos centímetros y se quedó con agua hasta el cuello; pero además la cuerda se le cayó en el camino. La volví a recoger y se la arroje, pero cuando la tenía en sus manos, ya Pangucho acababa de hacer arrancar de nuevo el motor después de haberle colocado un pasador nuevo. Se volvió hacia mí y me preguntó dignamente señalando a Silvestre: «¿Por qué saltó?» Fue Pangucho efectivamente quien tuvo la situación en sus manos, no sólo por la rapidez con que reparó la avería volviendo a colocar el motor, sino sobre todo, por la maniobra genial, con la que acercó el bote más cerca de la orilla, donde la corriente era menos fuerte, en el momento que vio que no teníamos propulsión.

Pasamos la noche en el Cenepa, donde conocí la obra del padre Carlos Diharce y a la madre Josefina. A la mañana siguiente, el río Cenepa había bajado siete metros. Llegamos sin novedad al Chiriaco, y yo con la convicción de que el río merece todos nuestros respetos.

XV. MIS SUBIDAS A COLASAY

No es fácil subir a Colasay. Su carretera de diecisiete kilómetros está muchas veces cortada por las lluvias. Hay que
tener suerte para encontrar los camiones que suben, cosa
que no hacen todos los días. La carretera tiene muchos
tramos en los que no es posible cruzarse, y en algunos de
ellos, abismos espeluznantes al lado, como sucede en la
célebre Peña Blanca. A veces los pasajeros se bajan del
camión en la Peña Blanca, pues les da menos miedo pasarla a pie. Fue en la Peña Blanca donde volcó el hermano
Guisado con riesgo de caer en aquel abismo desde donde
el río parece una serpentina.

La primera vez que subí a Colasay manejando el viejo
«Willy» me crucé con la camioneta de don Atilano en un
lugar donde no cabíamos los dos. Tuve que dar marcha
atrás y me cuadré. Don Atilano vino riendo hacia mí después de bajar de su camioneta: «¡Padre!, se ha cuadrado
usted con una rueda fuera». Efectivamente, una de las
ruedas tenía debajo el abismo. Don Atilano subió en el
«Willy» y me lo sacó de aquella comprometida posición.
Luego me aconsejó:

—Dentro de poco se encontrará usted la Peña Blanca, cambie entonces poniendo la primera y pásela con el pie en el freno.

Efectivamente, en la dirección mía, la carretera, al llegar a la Peña tomaba repentinamente una fuerte pendiente hacia abajo.

Otra vez, el hermano Tarancón tuvo que subir una camioneta con unas largas vigas de madera a Colasay. Por atrás, sobresalían los largos palos. A su regreso durmió en Pucará. Al pasar junto a la puerta de su cuarto oí que daba angustiosos quejidos:

—¡Ayayayayay! ¡Ayayayayay!

Lo mismo había sucedido en cierta ocasión con el hermano Lafuente, cuando pasó por Pucará con cuatro aguarunas, camino de Piura. Amaneció con fiebre alta y una fuerte gripe que le hacía dar quejidos de dolor:

—¡Ayayayayay! ¡Ayayayayay! –decía también.

Me acerqué a Tarancón:

—¿Qué te pasa? ¿Te encuentras mal?

Abrió los ojos y me dijo:

—No me pasa nada, Carreras; es que he subido madera a Colasay y estoy soñando que la subo otra vez y en cada una de las curvas que estoy cogiendo me da miedo de que choquen los palos contra la roca.

Había dos caminos para subir a Colasay. El más empinado era un atajo que, en una hora, permitía llegar a la Peña Blanca salvando unos mil metros de desnivel. El resto eran dos horas de carretera casi terreno llano. El otro camino seguía el curso de la quebrada y en mis buenos tiempos subí muchas veces por él, tardando unas tres horas.

Cuando estaba en el seminario y el padre Calabor estaba de recorrido, aprovechaba muchas veces los fines de semana para ir a Colasay. No era fácil; pues cuando llegaba a Playa Azul, ordinariamente ya habían partido para arriba los camiones y había que subir a pie, pues no era posible esperar en la playa un día, sin tener donde comer, ni dormir –aunque al padre Calabor le ofrecían a veces– y, sobre todo, con pocas seguridades de tener forma de subir al día siguiente. ¡Cuántas veces, el padre Calabor tuvo que regresar a Pucará, después de esperar un día entero en Playa Azul! Pucará estaba a unos veinte minutos de carro.

En una de estas ocasiones, me encontré en Playa Azul a las siete de la tarde, cuando había subido ya para Colasay el único camión. Un grupo de personas había perdido el camión como yo y andábamos entre todos queriendo fletar una camioneta cuyo dueño estaba trabajando en su chacra. Pero no acababa de llegar y era ya de noche. Amenazaba lluvia y en Colasay estaba lloviendo. En esto se me acercó un hombre alto vestido con una camisa y un pantalón oscuros. Llevaba en el bolsillo de su camisa dos velas que yo pensé que eran para velar a un santo, lo cual me hizo formar buen concepto de el:

—Padre, esta camioneta no sale ya. Yo voy a subir caminando. Si quiere usted nos vamos juntos.

Pensé que aquel hombre tenía cara de malhechor. Me dije que las apariencias engañan y pensé que me podía fiar de él. Le dije:

—Pero usted es joven y yo tengo ya mis años. Si acaso tendría usted que acomodarse a mi paso, si no, no le voy a poder seguir.

—Sí; yo no tengo prisa; y me conviene subir despacio. Acabo de salir del hospital de Bellavista a curarme de una mano que me corto un imbécil.

Pensé que se trataba de un simple corte en una pelea de borrachos y me pareció que aquella no era ocasión para dar doctrina sobre el uso del alcohol. Intenté encontrar pilas para mi automática pero en la única tienda del caserío se habían agotado.

—Yo llevo aquí dos velas, pues tenemos que pasar dos o tres pasos difíciles y es noche cerrada.

Mi acompañante cumplió lo prometido. Todas las veces que le pedía un descanso me lo concedía y se sentaba a mi lado. Una de estas veces compartimos el café que llevaba en mi cantimplora. A ratos nos llovía encima y luego dejaba de llover. Llegó un momento en que mi compañero de camino se perdió, pero a los dos minutos había recuperado el camino en medio de la oscuridad. Yo me acordaba de un joven de Colasay que regresaba de Lima, donde acababa de ingresar en la Universidad, y en aquel mismo camino, la misma hora en que subíamos nosotros había sido asesinado. Pensé que si mi compañero de viaje hubiera querido mi reloj y el poco dinero que llevaba yo encima, no hubiera necesitado otra amenaza que la de dejarme solo. Para que no lo hiciera le hubiera entregado todo lo que yo tenía. Pero no mostraba la menor intención de hacerme daño. Me extrañaba que no sacara su mano derecha de debajo del poncho de donde veía salir la muñeca. No la sacó en todo el camino. En esto me dijo:

—Tenemos que encender una vela, pues este paso es un poco peligroso.

Con la mano izquierda sostenía la vela y yo intenté encender varios fósforos que me apagaba enseguida el viento.

—Ponga usted también la otra mano haciendo pantalla –dije sin pensar.

Mi compañero se revolvió y me gritó ásperamente:

—¡Padre! ¡Ya le he dicho que no tengo otra mano!

—¡Es verdad, disculpe!

Por fin encendimos la vela y seguimos nuestro camino. De repente me eché al suelo y le dije:

—Siga usted si quiere, yo ya no puedo más.

—Padre, hemos llegado ya a la carretera. ¿Ve usted ese árbol aquí a seis metros? Eso es ya la Peña Blanca.

Me levanté reanimado y seguimos caminando por la carretera. Nos quedaban unas dos horas de camino, pero ya por terreno casi llano. De repente, mi compañero me detuvo:

—¡Padre!, ¿dónde va usted? ¡Se va usted a rodar! Que eso blando que tiene usted delante no es la carretera, sino una nube.

Más delante, le dije:

—Esto ya no tiene perdida y usted es más joven, puede dejarme atrás y seguir a su paso, que ya no perderé el camino.

—¡Padre! –me dijo–. Juntos hemos salido y juntos tenemos que llegar.

No estaba lejos Colasay cuando nos agarró un fuerte aguacero que nos dejó empapados. Seguía lloviendo intensamente cuando llegamos a Colasay. Seguramente que a mi compañero le quedaba aun bastante que caminar si es que no vivía en el pueblo. Yo he tenido siempre alergia a los huéspedes en nuestras casas. Pero sabía que el padre Calabor estaba fuera y me sentía como obligado a mi compañero de camino. Pensé que el padre Calabor no desaprobaría que le invitara a dormir en nuestra casa:

—¿Vive usted en el pueblo o más arriba?

—Más arriba, como a media hora de aquí.

—¿Por qué no se queda usted a dormir en el convento conmigo y mañana puede usted seguir?

El hombre se echó a reír:

—No, Padre, yo ya estoy mojado. Ya falta muy poco. ¿Que más da un poquito más?

Nos despedimos afectuosamente.

Las madres se alegraron de mi llegada; pues íbamos a tener misa tres días seguidos. Al momento me prepararon una cena improvisada. Mientras cenaba me preguntaron sorprendidas cómo había podido subir a Colasay a tales horas y con aquella lluvia. Me extendí largamente.

Mientras hablaba las religiosas cruzaban entre ellas miradas de inteligencia y sonreían. Notaba que allí pasaba algo. Cuando terminé de hablar me dijeron:

—Padre, acaba usted de subir con el atracador más temido de toda esta zona. La mano que le falta se la cortaron hace unos días, cuando iba a robar a una casa, acompañado por otros hombres armados. El dueño de la casa se despertó. Con el machete en alto se apostó detrás de la ventana cerrada por las maderas que ellos iban retirando. Habían abierto ya un hueco para pasar y por el hueco se introdujo una mano para retirar otra madera. El dueño de la casa descargó con todas sus fuerzas un machetazo sobre la muñeca de aquella mano. Los atracadores se retiraron y ayudaron al herido. Su mujer tuvo la presencia de ánimo para coserle la mano con aguja e hilo. Pero al día siguiente tuvo que llevarlo al dispensario parroquial. Allí la enfermera le persuadió de que tenía que ir urgentemente al Hospital de Bellavista para que le amputaran la mano. La Guardia Civil había recibido dos denuncias. La del herido que manifestó que le habían atacado para robarle en plena calle y la del dueño de la casa manifestando que habían querido entrar en su casa a mano armada y que se había defendido.

Una de las religiosas preguntó al guardia civil que venía de inspeccionar el lugar del presunto atraco si el herido no podía haber sido atacado en plena calle:

—No, madrecita –fue la respuesta– la ventana estaba llena de huellas de sangre. Y, además, para un corte como ése la mano tiene que estar apoyada en algo duro y resistente. Esto no es posible en plena calle.

Me dio mucha pena que mi compañero de viaje no fuera una persona honrada y pedí en aquellos días mucho por él. Un par de años después me enteré de que había muerto de una forma misteriosa.

La gente en nuestra misión no es peor que la de España. Lo será, tal vez, en algunos aspectos. En otros es mejor. Lo que pasa es que el mal, con aquella vida primitiva, proyecta su negra sombra allí con mucha más fuerza.

XVI. HAGO DE INGENIERO Y ARQUITECTO

Fue también en Colasay. Cuando estaba en el seminario y el padre Calabor en uno de sus largos recorridos apostólicos, Colasay quedaba sin sacerdote, el pueblo y todos los que en los domingos afluían de la campiña se quedaban sin misa dominical. Las madres sentían mucho quedarse sin misa. ¡Qué cosa mejor podía yo hacer que aprovechar mis fines de semana en el seminario, salir el viernes después de la última clase y después de unos setenta y cinco kilómetros por carretera, esto es, tres o cuatro horas de camioneta o de ómnibus emprender la subida a Colasay, generalmente a pie! Alguna vez tenía la suerte de encontrar algún camión que subía. Siempre era recibido con gozo por las madres, no sólo porque iban a tener misa el sábado y el domingo, sino también porque el ir allí suponía una señal de aprecio por su labor apostólica, aprecio que siempre he sentido. Colasay era uno de los puestos más difíciles de la misión. El domingo, después de la segunda misa, me preparaban un almuerzo temprano, me metían bocadillos y fruta en la alforja y emprendía mi regreso hacia la carretera general a pie, pues en aquellas horas del mediodía rara vez había un camión que bajara. Los chóferes descansaban, con frecuencia, delante de unas cuantas botellas de cerveza y con un grupo de amigos. En dos horas y media, bajando por la quebrada solía ganar la carretera general y esperaba pacientemente cualquier camión, camioneta u ómnibus que pasara hacia Jaén. El calor en Playa Azul, que así llamaban al cruce con la carretera general y al caserío de un grupo de casas que allí había, era un calor deshidratante. Contrastaba con la vegetación abundante de Colasay, siempre verde y húmedo a sus 1.850 metros de altura.

Uno de los defectos de los constructores empíricos de la misión, a veces de alguno de nuestros hermanos, era el querer construir edificios de dos pisos con vigas de madera y con una gran luz. No se daban cuenta de que no es lo mismo una habitación de cuatro o cinco metros de anchura en cuyo segundo piso suele pisar una sola persona o dos, que el segundo piso de una escuela o de un colegio con una notable concentración humana y, por lo tanto, con una fuerte sobrecarga por metro cuadrado. Dar a una de estas aulas seis o siete metros de luz, con unas vigas de madera, era un grave peligro bajo las apariencias de una gran solidez. Esto era lo que sucedía con la escuela parroquial de Colasay. Una escuela con trescientos alumnos entre niños y niñas. Hablar de la pobreza en que vivían estos niños y de sus problemas familiares merecería un capítulo aparte. Sus padres, cuando los tenían, pues a veces alguno de éstos abandonaba la familia, eran agricultores que poseían un pequeño trozo dedicado al cultivo del café. El café era la principal riqueza de Colasay.

La escuela parroquial de Colasay tenía forma de un ángulo, uno de cuyos lados, el principal, tenía unos cincuenta metros de longitud y unos seis metros y medio de anchura, si no recuerdo mal. Lo malo era el piso de arriba, donde estaban las grandes aulas del CENECAPE, donde la hermama Pilar Celis enseñaba a un nutrido grupo de mujeres cocina, corte y confección, religión y otras materias. Estaba un día almorzando con prisa después de los bautizos que siguieron a la segunda misa cuando la hermana Pilar Celis me dijo:

—Padre, me gustaría que un día que tuviera más tiempo echara un vistazo a las aulas de la Escuela, pues al coser con las máquinas el piso tiembla mucho.

—Conviene ver eso ahora mismo. Traiga usted la cinta métrica, el nivel, un lápiz y un papel y vamos allá. Usted me ayudara a tomar las medidas.

—¿Por qué han puesto ustedes las máquinas de coser en el centro del aula? Deberían ponerlas a los lados, junto a la pared.

—En los lados se inclinan demasiado.

En efecto, a simple vista se veía una flecha notable en el centro del aula. Entre los dos tomamos las medidas necesarias para hacer un cálculo de resistencia en la forma clásica que yo había estudiado. Lo malo eran los diez centímetros de espesor de la placa de cemento con que habían recargado el piso. Suponía una sobrecarga muy fuerte.

Al día siguiente comencé a hacer cálculos en el seminario. Me acordaba todavía. Estime a ojo la carga de trabajo de la madera en unos 100 kg/cm². Mi asombro fue grande al ver, después de comprobar cuidadosamente lo calculado, que el edificio tenía que haberse caído ya. Recordé que, en la Escuela de Caminos, algún profesor nos había hablado de la tendencia de las construcciones a no caerse. Bajé a cenar a Jaén y, antes de la cena, me acerqué al padre José María Izuzquiza, nuestro pro vicario apostólico por aquellas fechas. A su empuje y celo apostólico unía una gran afición a la física, electrónica, radio y en general, a los problemas técnicos. Me acerqué a él y le dije:

—Después, cuando tengas un rato me gustaría hablar contigo, pero no como sacerdote sino como ingeniero.

Le brillaron los ojos de interés. Con la misma mirada interesada me vino a buscar sonriendo después de la cena. Cuando le enteré del problema su decisión fue rápida:

—Avísales mañana por radio que desalojen todo el segundo piso y que yo las visitaré esta misma semana. El padre José María regresó impresionado de su visita.

Había examinado las vigas y los gruesos pilares de madera que sostenían el segundo piso. Lo que fallaba no eran solamente las dimensiones y el tipo de vigas, sino que además muchas de éstas estaban apolilladas, casi sin resistencia. En cada elemento apolillado había dibujado un aspa roja con pintura. Inmediatamente mandó apuntalar el techo del piso de abajo donde se siguió dando clase. Es de imaginar el estado de ánimo de aquellas buenas religiosas dando clase en unas aulas cuyo techo temían se les viniera encima de un momento a otro. En ninguna revista de misiones había visto una situación de pobreza de medios materiales como aquella.

Acababa de llegar el nuevo obispo, monseñor Augusto Vargas, S.J. Tanto él como el padre José María, que le había antecedido en el gobierno de la misión, comenzaron a pensar soluciones, pero el problema no era fácil. El hermano Pedro Senosiaín, del seminario, era un experto constructor. Había hecho muchas escuelas en Arequipa. Hizo un magnífico proyecto de hormigón o concreto armado para recuperar el piso de arriba que yo no hubiera sido capaz de hacer. Pero él no podía dejar el seminario, ni la ejecución de aquel proyecto era muy viable. ¿Quién dirigiría la obra? ¿Qué carpintero sería experto para poder hacer los encofrados de madera? ¿Qué ferrallistas doblarían, cortarían y colocarían las barras de acero? ¿Cómo se fabricaría el hormigón? ¿Cómo encontrar arena a una distancia económica, pues la que subían del río a 1.850 metros de altura suponía tales gastos de transportes que no eran aceptables? Comenzó a pensarse en todo esto. Mientras tanto, las madres de Colasay recibieron la visita de sus superioras provinciales del Perú y de España. Aunque yo sentía que tuvieran que trabajar en estas condiciones, me alegré de que la visita les sorprendiera en ella. En los tiempos malos que corremos en que todos estamos expuestos a que se nos diga que no estamos suficientemente encarnados o comprometidos con los pobres, las condiciones en que trabajaban las madres de Colasay las ponía al abrigo de toda crítica en este aspecto. Yo no digo que nadie pensara en criticarlas acerca de esto. Pero su trabajo y el puesto de Colasay adquiría una cierta aureola de vanguardia que a veces conviene tener.

Lo que más pesaba sobre el ánimo de las madres era la pesada losa de cemento que sostenían los puntales puestos por el carpintero del pueblo. Estando las cosas así, le hice a mi obispo una proposición. Si él me trasladaba a Colasay en su Land Rover y me daba unos doscientos mil soles (cantidad que no era excesiva) yo con siete hombres y el maestro de obras del pueblo picaríamos la dichosa placa, esto es unos treinta o cuarenta metros cúbicos de hormigón a base de combas. Durante el camino, decidimos dejar el dinero a las madres y que ellas se encargaran de pagar a los obreros y al maestro. Hubo que buscar carretillas, combas, etc. Yo procuré buscar gafas, cascos o algo parecido, todo lo que pudiera evitar un accidente. No fue en vano. Durante la obra, arrojé alegremente una carretilla de cascote sobre don Indalecio –el empleado de la escuela– que se había metido en zona prohibida en un momento de exceso de celo. Por suerte, el cascote sólo le rozó. Le hizo una herida en la frente que le curó el botiquín. Pero el susto que me llevé no fue pequeño.

El padre Calabor estaba fuera. Recorriendo caseríos y más caseríos. Las madres me pidieron un favor. Querían bajar todas a Pucará a hacer unos ejercicios que daba no recuerdo qué padre. Tal vez era Muguiro. ¿No podía yo trasladarme a dormir en la casa de ellas para que no la robaran? Ellas encargaron a una mujer que me trajera la comida. Cuando regresaron de Pucará todo eran exclamaciones. La enorme placa de cemento que las amenazó tanto tiempo estaba convertida en enormes montones de cascote en el patio de la escuela. Libres de este peso, las vigas se habían levantado y los puntales habían caído al suelo. Los obreros estaban contentos por el trabajo realizado y porque les habíamos dado el jornal legal que estaba muy bien, y en Colasay no creo que pagara nadie.

Nuestros amigos ricos del pueblo advirtieron a las madres que no debíamos pagar tanto, pues esto era echar a perder a los peones. Se les contestó que como cristianos, como ciudadanos y como extranjeros debíamos pagar el jornal justo y también el legal. No insistieron más. Por otra parte, esto no era nada nuevo para ellos, pues en la predicación se tocaba a veces este tema.

Vino una segunda etapa. A mí me gustaba mucho el proyecto del hermano Pedro Senosiaín. Con el padre José María Izuzquiza y el Land Rover del obispo nos trasladamos a Colasay a tener una reunión con las madres. Era una reunión útil en la que se iba a tratar de un tema de verdad. ¿Cómo rehacer la escuela? ¿Reconstruir el segundo piso a base de hormigón armado, o bien dejar un solo piso y construir la parte de arriba en otro terreno junto al nuestro? Esto último era la solución que preferían las madres. Era más pedagógico, más seguro, y como pude comprobar aquella noche, era también más barato. Mientras el padre José Maria Izuzquiza y el hermano Cánovas dormían plácidamente el primer sueño, me pasé con la pequeña máquina de calcular de las madres, haciendo el presupuesto de cada una de las dos soluciones. Por medio del padre José María Izuzquiza y del hermano Cánovas que partían a la mañana siguiente, se los mandé al obispo con una carta en que le decía: «La obra de dos pisos y hormigón armado te saldría por no menos de cinco millones de soles, suponiendo que haya personal apto para hacerla. El hacer un edificio aparte de un piso es más sencillo, es lo que desean las madres y no creo que te salga por más de un millón de soles». Le pedía que, si se decidía por esta solución, me dijera por radio si me daba autorización para comprar un terreno, que era parte de un gran cafetal, y hasta cuánto podía ofrecer por metro cuadrado. Aquella misma tarde me llegó la respuesta afirmativa por radio.

El dueño del cafetal era gran amigo del padre Calabor y de la Iglesia. Tenía gran deseo de que se solucionara el asunto de la escuela, pero no pude sacarle el precio del metro cuadrado sino de una forma provisional. Eso fue resultado de gestiones mucho más largas en las que intervino el padre Calabor. Me dio, en cambio, permiso para entrar en el cafetal, tomar medidas, derribar árboles y comenzar la obra. Había allí un difícil problema de movimiento de tierra para conseguir un solar plano, pues el terreno estaba inclinado fuertemente hacia ambos lados. Pero pude recordar lo aprendido en la Escuela de Caminos y con unos tablones y un nivel sacamos los perfiles y pude hacer los cálculos. Para el proyecto del techo hice dos cosas. Consulté a los hermanos coadjutores con experiencia en la construcción como Arsenio Martín y Mariano Sánchez y al mismo tiempo hice los cálculos. Los resultados coincidían. Hacían falta vigas de ocho metros y medio de acerillo o de otra madera durísima, pues había que dejar un alero para un pasadizo. Hice los planos y comenzamos a cortar los enormes árboles y los pequeños del cafetal. Para derribar un árbol grande, suficientemente trabajado a base de hachazos, los hombres tiraban de la soga amarrada a su copa. Y el árbol se venía encima de nosotros y teníamos que correr para esquivarlo, pues no era fácil calcular. Los hombres se reían mucho cuando alguien corría para evitar que el

154

árbol le pillara. Lo pasé muy bien en estos trabajos. Me sentía un constructor de verdad.

Tuve que irme a Lima dejando solamente el terreno nivelado y los planos del nuevo edificio. Pero las madres emprendieron animosamente la obra por medio del maestro de obras cuyo contrato redacté. Lo había redactado poniendo en él el precio y el plazo que me había indicado el maestro, algo aumentados. Por otra parte, fijaba una prima para él si se entregaba en la fecha indicada en el contrato. Si esta fecha se retrasaba dos semanas, dicha prima, a modo de gratificación, persistía, pero reducida a la mitad. Mi mayor satisfacción fue que este contrato mereciera los elogios de un experto de la categoría del padre Calabor. Había que proceder rápidamente.

A mi llegada a Lima, el procurador de la misión me increpó por haber comenzado la obra sin firmar el contrato con el dueño del cafetal. De esta manera nuestra obra carecía de base jurídica hasta que esto se arreglara. Desde su punto de vista tenía razón. Podía haberle contestado que había procedido con el permiso del obispo, pero preferí decirle lo que me había dicho el hermano Mariano Sánchez, que había intervenido en casi todas las obras de la misión. En efecto, en la misión todas las obras, o casi todas, habían comenzado así. La rapidez —pues la obra fue entregada antes del plazo convenido— ahorró una cantidad enorme de dinero en una época en que la inflación no paraba.

Desde Lima yo procuraba que Garín y el hermano Mariano enviaran puntualmente las remesas de dinero a las madres, cosa que hicieron con una exactitud admirable. En Colasay, la hermana Pilar Fortes con sus dotes administradoras y su enérgica decisión se procuró piedra para los cimientos, elevó los muros, encargó las largas vigas que debían ser transportadas por bueyes desde muy lejos, contrataba a los peones y las paredes del gran edificio se iban elevando sin dificultad. Cuando llegue a Colasay de nuevo, llevando una importante cantidad de dinero, que en alguna ocasión temí perder al pasar por algún puente muy estrecho, solo faltaba techar la escuela. Iba a comenzar la operación cuando se me ocurrió comprobar que las grandes vigas tenían las dimensiones requeridas. De mala gana el maestro iba midiendo la altura y el ancho de las secciones de cada viga. Ni una sola llegaba a las siete pulgadas de altura requeridas. Nos trasladamos a casa del maestro. Le enseñé los planos y le recordé a lo que se había comprometido. Me contestó que él tenía experiencia y que no hacían falta vigas tan fuertes, que la escuela resistiría. No era posible hacerle comprender que había un contrato por medio. Y además, yo estaba en sus manos, era el único en el pueblo capaz de rematar la obra. Ni era práctico traer una persona de fuera y andarse con pleitos. Le dije que la obra se interrumpía un día para pedir yo permiso por radio al obispo que estaba en Lima para techar la escuela. Era preciso techar, pues las lluvias se aproximaban. Luego, si hacía falta se reforzarían. La respuesta me dejó anonadado.

—Padre, si no hay confianza, me voy a la escuela, agarro mis herramientas y ahí queda eso.

Le dije que él había firmado un contrato y no podía hacer eso. Para calmar la angustia que me entró me fui a caminar por el monte un par de horas.

Al llegar a casa volví a calcular la resistencia del tejado en un día de viento, con un viento de 150 km/h que podía presentarse en Colasay. Para que la seguridad fuera completa eran necesarias las siete pulgadas de altura de viga, no podía ceder. Había que techar con las vigas actuales y una vez cubierta la escuela, reforzar el techo.

Hablé por radio con el hermano Mariano y se hizo dictar la altura y anchura de la sección de cada viga. Su respuesta alarmó a las madres y a mí. No debía techar, hacían falta por lo menos las siete pulgadas. Le dije que pidiera por teléfono permiso al obispo para techar provisionalmente y reforzar después. Diez minutos después nos llegaba el permiso, con tal de que el techo fuera debidamente reforzado después.

Mientras tanto, la madre Pilar Fortes había ido a amansar al maestro de obras, quien estaba ya arrepentido de su actitud y se alegró al saber que sólo se perdía un día. Comenzaron los obreros a clavar las hojas de calamina, y el techo y todo el edificio ofrecían un hermoso aspecto. Pocos días después, celebrábamos la terminación en una comida con pollos y cerveza que nos prepararon las madres y que tuve el gusto de tomar con ellos. Nos habían dado a cada uno una bolsa de buñuelos deliciosos. Los probaron y se la guardaron para llevarla a su casa.

No terminó con eso mi labor de ingeniero en la escuela de Colasay. Había que desmontar el segundo piso de la parte vieja, cosa que hicimos al año siguiente con innumerables dificultades. Pero a todo venció la constancia de las madres y las dotes de constructora de la madre Pilar Fortes. Un detalle da idea del peligro que habían corrido las madres y las alumnas antes de que se dieran cuenta de nada. Los enormes pilares de nueve metros de altura que sostenían el segundo piso y el tejado estaban, sobre todo en su parte empotrada en el suelo, completamente carcomidos. Efectivamente era cierto lo que nos enseñaban en la Escuela de Caminos de que las construcciones tienden a no caerse.

XVII. ME PONGO A TEMBLAR Y CONMIGO TODO LIMA

El terremoto de Huaraz en que murieron unas 60.000 personas debió ser algo inenarrable. A mí me sorprendió a muchos centenares de kilómetros en un día en que iba por la tarde a celebrar misa a Pomahuaca a veinte kilómetros de Pucará. Por lo tanto, tuvo que ser un sábado. El viejo Jeep de que entonces gozaba se movía tanto que no noté el terremoto. Lo que sí me sorprendió era que la carretera estaba llena de piedras y cada momento me tenía que bajar a quitarlas. Lo único que noté es que sucedía algo raro. Pero al llegar a Pomahuaca me salió a recibir Consuelo, la hija mayor de don Elías, que hacía la limpieza de la iglesia y me colocaba flores en el desvencijado cuarto o «convento», todo por puro amor de Dios. Consuelo, en medio de su temperamento primario y su actividad desbordante, tenía un alma delicada. La encontré llorando el día que, al llegar a Pomahuaca, acababa de morir la india cañaris que ella había cuidado veintitantos días como a una hermana y se había hecho su mejor amiga. Cuando a los dieciséis años se colocó de empleada en Jaén, lo que ganó en el primer mes lo gastó en hacer una cruz de cemento a la finada, pues una cruz de madera le parecía demasiado poco. Consuelo me salió al paso y me dijo:

—¡Huy, Padre! ¿No se ha enterado del terremoto? ¡Cómo gritaban y lloraban las mujeres y hasta las hombres corrían asustados!

Aquella noche, la iglesia estuvo abarrotada de fieles. Al día siguiente, salí de recorrido visitando distintos caseríos, sin pensar que el terremoto hubiera sido cosa mayor. Al día siguiente, en Atoye, me entere que decía la radio que el terremoto había sido en Huaraz y había habido más de 16.000 muertos. ¿Debía interrumpir mi recorrido para irme a Huaraz a asistir a los enfermos graves? ¿Pero cómo llegar hasta allí y que podría hacer una vez llegado? Seguí adelante. La noche siguiente dormía encerrado en mi saco de dormir en la escuela de Mangaypa, cuando me despertaron unas sacudidas violentísimas. Era una réplica del terremoto. Cuando conseguí salir del saco de dormir y ganar la puerta, la escuela estaba agrietada. Más tarde hubo que hacer otra. Al regresar del recorrido me fui enterando de todos los detalles dolorosos del terremoto de Huaraz. Pero lo viví desde muy lejos.

En cambio, el terremoto de Lima de 1974 lo viví muy de cerca. Estaba dando clases de religión en nuestro colegio de la Inmaculada en Monterrico y esto me consolaba de la pena de haber tenido que dejar el vicariato. Aprovechaba las vacaciones para dar unos ejercicios a las madres del Buen Pastor en el Colegio de Santa Eufrasia que tenían junto al mar. Mi despacho daba al patio, y me encontraba en aquel momento preparando la meditación del rey temporal. De repente el suelo se puso a temblar y a ondularse bajo mis pies en medio de un ruido ensordecedor. No era sólo el ruido de todo el edificio que temblaba, sino que lo peor era un ruido subterráneo ensordecedor y estremecedor. Salí al patio. Allí estaba toda la comunidad, desplegada, inmóvil, casi todas con las manos juntas en actitud orante ante una gruta de la Virgen.

—¡Dios mío! –decía yo en mi interior–. Si quieres que siga trabajando en el Perú, esto tiene que acabar pronto, porque si no, no hay nada que hacer. Claro está que Tú eres el dueño de todo, pero...

Esto es lo que yo sentía. Y efectivamente, parecía que todo el cosmos iba a estallar. Y el terremoto no paraba. Se sucedían las oleadas con furor creciente, como si alguien estuviera enojado contra nosotros.

Me acerqué a las religiosas. Una de ellas se agarró a mi brazo izquierdo y me dijo que pidiera a Dios por un hermano suyo. Resultaba conmovedor en aquel momento que aquella buena religiosa se olvidara de sí misma para pensar en su hermano. En esto, la cocinera, una mujer corpulenta vestida de negro se agarró al otro brazo que me quedaba libre diciendo:

—¡Yo quiero morir junto al padrecito!

También esa fe en el carácter sacramental del sacerdote era conmovedora. Pero, en aquel momento, no tenía yo las menores ganas de morir. Tampoco hice nada para recuperar la libertad de mis brazos:

—¡Ya pasa! ¡Ya está pasando! –dije tratando de infundir calma. Pero, ¡qué iba a pasar!, llevábamos un minuto de terremoto y quedaba todavía otro minuto y medio. Crecía el furor de las oleadas y nosotros, mudos, esperábamos sin saber lo que iba a pasar. Por fin, el terremoto pasó. El epicentro había sido a un centenar de kilómetros de la costa. En todo Lima habría habido tal vez una veintena de muertos, muchos heridos e innumerables viviendas destruidas. Algunas iglesias quedaron inservibles. Cuando, tres meses después, me destinaron a nuestra iglesia de San Pedro, una de las más resistentes a los terremotos, estuvimos todavía celebrando misa en la iglesia de la penitenciaria que está junto a ella hasta que los notables desperfectos causados por el terremoto fueron reparados.

Una cruz no pequeña que dejan estos terremotos fuertes (el nuestro habría sido de unos 7 grados) es la gran cantidad de réplicas que le siguen durante semanas al terremoto principal. Algunos días hubo que suspender la clase. Otros hubo que sacar a los alumnos al patio hasta que los temblores pasaran. Los alumnos no desaprovechaban esta ocasión para provocar temblores más o menos simulados sacando a la situación todo el partido posible. No eran fáciles las clases en aquella situación.

Este ha sido el terremoto más fuerte que he vivido en la vida. Desde entonces, he tenido que salir corriendo muchas veces más. Pero todos estos temblores de unos segundos de duración son una pálida sombra de lo que fue el terremoto de 1974 en Lima y sus alrededores.

XVIII. LAS ENFERMERAS

La hermana Blanca de la Clínica «Stella Maris» de Lima entró en el cuarto y me vio retorciéndome de dolor, tendido sobre el diván. Era uno de los cólicos renales de los más duros, pues eran los primeros días de aquel dichoso cálculo. A mí me parecía que debía resistir un poco antes de pedir el analgésico.

—Por Dios, Padre, ¿por qué no avisa usted? Si el doctor Pow Sang no quiere que el paciente sufra dolores tan fuertes. Ahora mismo le pongo una inyección de *buscapina compositum.*

Momentos después, aquella religiosa peruana poniéndome la inyección intravenosa, en plena crisis de dolor, me parecía la personificación de la bondad, como algo por encima de las cosas de este mundo. Se cumplía aquí aquello que dijo el Concilio: «Pongan, pues, especial solicitud los religiosos en que, por ellos, la Iglesia muestre mejor cada día a los fieles e infieles, el Cristo, ya sea entregado a la contemplación en el monte, ya sea anunciando el Reino de Dios a las turbas, sanando enfermos y heridos, convirtiendo los pecadores a una vida correcta, bendiciendo a los niños, haciendo el bien a todos, siempre obediente a la voluntad del Padre que le envió» (Constitución sobre la Iglesia *Lumen Gentium,* n. 46).

En estos recuerdos, he hablado mucho de mí y de mis ministerios y de las cosas que me han sucedido. ¿No será bueno decir unas palabras de las religiosas que con nuestros hermanos coadjutores llevan todo el peso de nuestra misión igual que nosotros?

Pero hablar de los hermanos y de muchas religiosas que llevan una vida de abnegación dedicadas a la enseñanza –una de las cosas más necesarias– o supliendo a los sacerdotes, en cuanto esto es posible, en los pueblos, o dedicados a otras labores es difícil, porque la suya es una labor gris, sin brillo ni apariencia. Y no me siento inspirado para esto. Me dedicaré solamente a hablar de las religiosas dedicadas a hacer de enfermeras, pues, tal vez por ser de familia de médicos, su labor me ha impresionado mucho en la misión. También debería hablar de nuestros hermanos enfermeros fuera de la misión, hombres extraordinarios que pasan la vida cuidando de padres enfermos y ancianos en Aranjuez (antiguamente), Chamartín, Alcalá, etc. Pero tampoco me siento inspirado para un tema tan oculto y tan patente, por otra parte. Me limitaré a lo que he visto, y por decirlo así, como palpado.

Mi primer contacto con las enfermeras-religiosas y enfermeras-voluntarias fue, recién ordenado, de sacerdote, en Fontilles. No hablaré de la entrega que observé en aquellas religiosas que ni siquiera se ponían los guantes de goma para las curas, como era obligación. Y en cincuenta años no había ni hubo un solo caso de contagio. Lo que me llamó la atención era el grupo de enfermeras voluntarias que los padres jesuitas de Fontilles cultivaban con una intensa vida espiritual e iban todos los días a la bendición y al rosario. El padre superior, padre Carsi, recibía casi todos los días cartas de mujeres, jóvenes en la mayoría, que aspiraban a prestar sus servicios allí en aquel cuerpo de enfermeras voluntarias. Era una de tantas señales de que el Espíritu Santo está soplando siempre en la Iglesia, y de la inclinación que ha puesto Dios en el corazón de la mujer para aliviar el dolor de los demás. Religiosa o no, ¡qué hermosa corona de méritos se lleva a la otra vida una mujer que ha pasado la vida haciendo abnegadamente de enfermera!

En aquellos tiempos, el cuerpo de enfermeras se enorgullecía de contar entre sus miembros a una joven marquesa. No recuerdo su nombre. Lo que sí recuerdo es haberla oído decir un día a las damas con su gracejo andaluz a la entrada, en la iglesia, para la bendición:

—¡A Fulano hay que pararle los pies!

Fulano era un pobre enfermo lo suficientemente sano para hacer vida normal y para acudir a la bendición, no solamente para su devoción personal, sino también para ser más galante de lo que convenía con aquel grupo de enfermeras. Muy humano. Pero había –según parece– que pararle los pies.

La primera enfermera que conocí en la misión, exceptuando una enfermera excelente que había en Colasay a la que no vi actuar mucho, fue la hermana Aurelia. Era una joven sierva de San José que, antes de ir para la Selva, pasó unas semanas en Pucará para aclimatarse. La superiora, madre María Cabezas, me pidió que llevara a ella y a su compañera –la madre María Luisa, que desempeñó más tarde una hermosa labor enseñando niñas aguarunas en el puesto del Chiriaco– en mi visita pastoral al pueblo de San Felipe, para que fueran conociendo la misión. Faltaba una hora para llegar a Pucará y se había hecho de noche cuando se nos bajó una rueda, por un clavo en la carretera. Habíamos pasado el día en la atención a las escuelas. Ellas prepararon las cosas y dirigieron los cantos. Quise parar una camioneta para que pudieran llegar seguras a Pucará y a buena hora pero no lo consintieron. Me ayudaron a cambiar la rueda por la rueda de repuesto a la luz de mi automática. Me cobré, el haberlas llevado, llevando a la hermana Aurelia acompañada de otras a la hacienda Huancas a que prestara sus servicios a un enfermo muy pobre, que era en realidad una mujer que padecía unas hemorragias. La hermana Aurelia prestó un buen servicio. Fue un viaje pintoresco en el que había que cruzar el río en un huaro y luego hacer hora y media de camino a caballo. Me costó trabajo conseguir el permiso de la superiora, M. María Cabezas. Por una parte, quería ayudar a aquella familia. Por otra, veía a la enfermera que se estrenaba bañada en sangre, y responsable de una muerte nada más de llegar. Disipé sus temores y dejé la cosa en sus manos. Le dije que decidiera con plena tranquilidad, que no estábamos obligados a nada. Jamás me ha gustado forzar a las religiosas y menos a cosas que se salen de lo corriente. La superiora reflexionó, oró y dio su permiso. Y aquella enferma entró en vías de mejora. La madre Aurelia pasó pronto a su destino en el Chiriaco. Fue allí –como creo que he contado antes ya– donde me pidió que bautizara un niño aguaruna que iba a morir dentro de poco. Fue el único aguaruna que he mandado al cielo.

Cuando hicieron delegada (esto es, provincial en el Perú) a la madre Gloria Sánchez (creo que la madre Aurelia se llamaba también Sánchez), le pedí una enfermera para Pucará, y me la prometió. Poco después llegaba la madre Socorro que es la enfermera con la que he tenido más trato. A su llegada, me impresionó su competencia. La madre Gloria, su superiora, la trataba como a una niña: «Es una niña», me decía. Pero cuando llegaba un grupo de accidentados en la carretera y la madre Socorro tenía que actuar, se transformaba en un jefe de clínica. Permitía entrar en la enfermería a su provincial bajo la promesa de que iba a estar callada, y le daba órdenes como si la superiora fuera ella. Que es lo que sucedía en realidad en aquel momento. Contemplaba yo el hueso al descubierto de una anciana que había padecido el accidente en la carretera y hacía esfuerzos para no marearme:

—¿Qué vas a hacer? –decía la madre Gloria– ¿Vas a coser?

—¡Cállate! –respondía la madre Socorro–. Si no, te voy a echar. Sostenme esto.

Y la madre Gloria, complacida y sonriente, sostenía cualquier instrumento, contemplando la habilidad de su enfermera con admiración y satisfacción. Porque, eso sí, otra cosa no sabría tal vez hacer la madre Socorro, pero coser, como cosen los cirujanos de verdad, cosía maravillosamente. No sé si he contado la operación de sutura con que salvó la vida de un amigo nuestro empapado de cerveza, pero consciente del peligro, y resistiendo estoicamente aquella cura sin anestesia.

Un amigo suyo, en la taberna, de un botellazo le había seccionado la arteria temporal. Estábamos presentes una novicia, que se mareó y salió, un sargento de la Guardia Civil que era el comandante de puesto de Colasay y yo. A mí, la angustia de ver los chorros de sangre que habían salido de aquella arteria y de ver que estaba en peligro la vida de un hombre me impedía marearme. Al entrar en el dispensario le dije al sargento:

—No tenga usted cuidado. La madre Socorro cose admirablemente bien. Le salvará la vida.

Lo dije en voz baja y sin el menor interés de adulación, pero la madre Socorro lo oyó. Me había prometido unos medicamentos para mis enfermos y, aunque siempre extraordinariamente generosa, esta vez lo fue mucho más. Yo hubiera hecho lo mismo.

No pararía de contar los momentos en que tanto las religiosas de Pucará como yo estábamos con el alma en vilo pendientes de la actuación de la madre Socorro. Por ejemplo, una vez que en mi Jeep traía a la madre Socorro, una o dos madres más del pueblo de Pomahuaca, donde con una profesora, excelente persona, habíamos ido a vacunar a los niños de la triple vacuna, al regresar nos encontramos a toda la comunidad que nos esperaba en la puerta en ansiosa espera:

—¡Menos mal que por fin han llegado ustedes! –dijeron con inmenso alivio. Sentada en el sillón de curas estaba una pobre mujer, relativamente joven, completamente quemada. Se le había incendiado la casa y al intentar rescatar sus enseres se le había caído el techo encima. La madre Socorro le dirigió una mirada de consternación. Consternación que aumentó todavía más al notar que aquella mujer estaba embarazada.

—Serán ocho y pico –dijo la enferma.

—¡Lo que faltaba! –dijo la madre Socorro suspirando. No fue fácil sanar a aquella mujer a quien desde aquel momento comenzamos a llamar «la quemadita».

La madre Socorro iba a asistirla todos los días cuantas veces era necesario a la casa donde le dieron asilo. Porque en la misión faltarían otras virtudes, pero la de la hospitalidad se practicaba de una forma realmente hermosa. La madre Socorro asistió a «la quemadita» cuando, sin estar aún sana de sus quemaduras, dio a luz. Actuó de madrina en el bautismo del niño. Y le hizo un primoroso traje o jersey, una «chompita» preciosa. Pues la madre Socorro gozaba con las labores manuales, sobre todo las de punto, y le encantaban los niños. Un par de meses después, «la quemadita» se reintegraba completamente sanada a su nueva casa, con un hijo más y unida con una entrañable amistad con la madre Socorro.

Todo el amor y ternura que sentía la madre Socorro para con los niños se convertía en una indignación que la hacía temblar de pies a cabeza –justificadísimamente por cierto– cuando se enteraba de que un hombre había pegado a su mujer. Lamentablemente se enteraba con frecuencia, pues ésta era una costumbre muy extendida y la madre Socorro recibía innumerables confidencias de sus enfermas. ¿Con quién si no se iban a desahogar las pobres? Los malos tratos físicos no eran más que una de las muchas maneras que tenían los hombres de faltar a los derechos humanos más elementales con sus mujeres. Muchas veces, la única distracción de estos hombres era el alcohol. Otras veces, la tentación eran otras mujeres. Tampoco las mujeres eran todas santas. En resumen, la madre Socorro tenía muchas ocasiones de vibrar de indignación. Y, sin pertenecer al movimiento «feminista», era la mejor defensora de los derechos humanos de las mujeres. Y cuando había lugar, también de los hombres.

Entre los casos espectaculares que resolvió la madre Socorro en Pucará, junto con el de la «quemadita», está el del hombre que trajeron dando gritos de dolor que había sido mordido por un «macanche». El «macanche», relativamente abundante en la zona, es la serpiente venenosa de mayor tamaño. Pues es una serpiente de cascabel, pero sin cascabel. Su nombre técnico es *læchesia muta*. Colocaron al paciente en la habitación de entrada de la casa donde le daban hospitalidad en el suelo sobre una manta. Tenía la pierna mordida hacía media hora levantada, apoyada en la pared y daba unos quejidos y gritos que partían el alma. La madre Socorro mandó enseguida suministrarle una cucharada de curarina cada media hora. Llegó la noche y pregunté a la madre Socorro si no sería bueno ponerle a aquel hombre una inyección de cardiazol o de algo que le sostuviera el corazón en aquella noche que era la más crítica.

—Efectivamente, sería muy bueno. Pero ya sabe usted lo peligroso que es para nosotras salir a estas horas a la calle. ¿Sería usted capaz de ponérsela? Yo se la preparo.

En representación de la madre Socorro le puse la inyección. Horas antes le había dado los sacramentos pertinentes.

Una semana después, cuando el hombre parecía casi curado, tuvo una hemorragia de casi un litro de sangre, por la herida de la mordedura. La madre Socorro le hizo tomar un litro de leche en su presencia. Pues si la madre se hubiera marchado, esa leche hubiera sido comparti-da por otros, que la necesitaban también, aunque no tan urgentemente como el enfermo. Unos días después, éste abandonaba Pucará dado de alta por la madre Socorro.

La madre Socorro me atendió cuando regresé de ver un enfermo muy lejano y amanecí en la casa donde nos habían puesto un colchón en el suelo al muchacho de doce años que me hacía de guía y a mí. Habíamos llegado allí completamente deshidratados después de un viaje de diez horas a caballo (unos machos magníficos que me había buscado el agente gobernador de Queromarca) después de atravesar un bosque lleno de lobos y de osos. Nos vimos rodeados de perros lobos que ladraban.

—No se baje, padrecito, que le despedazan –me dijo el muchacho que era hijo del agente gobernador. Por fin, se abrió una ventana y nos dieron posada. Al amanecer me empecé a revolcar por el suelo con un dolor que solo conocen los han padecido algún cólico renal.

—No se vaya, padrecito, que le daremos una taza de cacao –me decían.

Por fin trajeron los machos y comenzó el descenso de siete horas hasta la carretera. Yo me revolvía. Bajaba del macho, volvía a subir y me quejaba, después de haber

171

vomitado la taza de apio caliente que me hicieron tomar al salir.

—¡Ay, padrecito! ¡Ay, padrecito! —no hacía más que decir mi joven acompañante.

O es una oclusión intestinal o un cólico renal, pensaba yo. Si es una oclusión no pensaba llegar vivo a la carretera. No me gustaba morir. Pero tampoco me disgustaba demasiado hacerlo en acto de servicio. Era más joven que ahora y temía la muerte menos que ahora.

Llegamos a la carretera y pasamos el huaro. Una camioneta me llevo a Pucará. Al día siguiente, la madre Socorro me envió a Chiclayo en una camioneta y el padre Marina, al día que siguió, me envió a Lima en avión con un compañero. El provincial me esperaba en el aeropuerto y me llevo a la clínica de San Felipe. La superiora y directora madre María Servat, una experimentada franciscana misionera que había estado en Hong Kong, me recibió con estas palabras:

—El Padre no tiene que hacer otra cosa que descansar y obedecer.

Pero la madre María Servat tenía una personalidad que merece hablar de ella aparte. La madre Socorro, años después, renunció a unas vacaciones, estando en Pucará para atenderme a mí, al ver que llevaba cinco días a 39,5°C. Consiguió que el padre Martinho conectara por radio con el doctor Rey Sánchez, jefe del Área de Salud de Jaén, a noventa kilómetros de distancia y ella le dio mis constantes vitales. El doctor diagnosticó una tifoidea clarísima y al día siguiente, el ómnibus traía cloromicetina en grandes cantidades y otras medicinas al caso. A los cinco

172

días, estaba sin fiebre, pero reponerme de la anemia de la fiebre y del cloramfenicol me llevó varios meses. Jamás he visto que se trate a un enfermo con la solicitud con que me trataron en Pucará el padre Martinho y las madres. La madre Socorro, después de gritarme y quitarme los termómetros y libros de medicina que pudo encontrar, se admiró de que yo no protestara. Todos los días me traían gallina y me rodeaban dos o tres madres exhortándome a que comiera, cosa que me era imposible. La madre Teófila le había dicho al comienzo de la enfermedad: «¡Otro padre que se nos muere!» Y era ella la que más me gritaba cuando no quería comer.

La madre Teófila había fundado la casa de Caballococha en la Selva y hablaba a menudo de esta fundación. Pertenecía a la generación de fundadoras en el Perú. Sólo de verla y oírla hablar se captaba una alma pura y transparente entregada plenamente a Dios. Decía a menudo una aspiración que al padre Gómez-Martinho y a mí nos hacía mucha gracia. Nos decía que tenía un alma tan sacerdotal, que deseaba después de su muerte, ser enterrada en la casa de los padres, en un pequeño jardín en el patio de la casa. Jardín que estaba destinado a ser arrastrado por el río y estaba aguardando turno y fecha para la próxima crecida extraordinaria. No diré más de la madre Socorro, sino su gran generosidad en proporcionarme medicamentos, para mí y para los enfermos. Sin embargo, cuando, en su ausencia, me dejaba las llaves del dispensario para que la supliera, en cuanto esto era posible, me atravesaba con la mirada y previendo que iba a hacer lo contrario, me prohibía terminantemente que regalara ninguna medicina, pues cada una llevaba su precio marcado. Yo le llenaba los formularios en inglés para pedir medicinas a una sociedad católica norteamericana que mandaba unas medicinas magníficas y le conseguí de Manos Unidas un equipo portátil de oxígeno que prestó grandes servicios. Una de las especialidades de la madre Socorro era asistir partos, pues en toda la zona, como es lógico, no había más parteras tituladas que las religiosas. Por eso, la madre Socorro era comadre de tierra de muchas familias de los lugares donde estuvo, pues la persona que recoge al niño al nacer queda hecha compadre o, más bien comadre. Más tarde pasó a la Selva donde curó a muchos mordidos de serpientes, sobre todo de víboras.

No he dado más que un esbozo de la madre Socorro. Si me he extendido tanto hablando de ella es porque es la enfermera que he visto trabajar más de cerca y que en más de una ocasión me cuidó y curó de una grave enfermedad.

En mis visitas y estancias al pueblo de Santa Rosa, a unas tres horas de subida después de cruzar el Marañón, conocí a las madres mexicanas que entonces estaban allí. Entendían maravillosamente la manera de ser del pueblo y les enseñaban cantos muy hermosos, litúrgicos y dignos. Les enseñaron el rezo de completas, e hicieron y siguen haciendo en el Muyo una gran labor con los catequistas. Conocí a la hermana Denia, una de las enfermeras más eficientes que he conocido. La vi una vez que me llamó a bautizar a un niño cuya vida corría peligro, en su forma de actuar. La madre del niño había dejado junto al Marañón a su marido ciego con el resto de los niños y había cargado con él a pleno sol subiendo las cinco horas que la separaban de las madres, hasta llegar a Santa Rosa. El niño estaba completamente deshidratado y la madre Denia le estaba inyectando suero. El niño se resistía y movía la aguja del suero. La madre Denia le inyectó un calmante y el niño se fue adormeciendo. Su corazón latía aceleradamente en una lucha desesperada para sobrevivir mientras el suero iba cayendo gota a gota. ¿Llegaría a tiempo? Llegué un par de horas después y el niño dormía plácidamente con latido y respiración normal. Si no me equivoco, estaba salvado y el sacrificio de su madre no había sido en vano. En otra ocasión, unos cartuchos de dinamita se llevaron la mano del gobernador que estaba trabajando en la cantera. Le ataron una cuerda en la muñeca y se lo llevaron a la madre Denia. ¿Qué hacer en un caso como éste a un día de camioneta por lo menos, del pueblo de Bellavista? La madre Denia le anestesió lo que quedaba de la mano. Luego con unas pinzas quirúrgicas en forma de tijera buscó la arteria por la que el enfermo se hubiera desangrado. Una vez hallada la apretó fuertemente con las pinzas conteniendo la hemorragia. Dobló las pinzas y las aseguró con un vendaje encima. Y remitió al enfermo al hospital de Bellavista donde le hicieron la cura perfecta. Días después le devolvía las pinzas a la madre Denia. Tenía un don especial para enseñar a los catequistas en las clases de primeros auxilios. Una enfermera entregada en alma y cuerpo al bien corporal y espiritual de su gente era la madre Goya, de la comunidad que las misioneras de Bérriz tenían en el elevado pueblo de Chirinos. Chirinos parecía un nido de águilas y brillaba como un diamante lejano visto desde Santa Rosa al caer el sol. La madre

Goya reprendía continuamente a la gente dando consejos de todas clases. El alcohol y la fidelidad conyugal eran, generalmente, los temas obligados. Otras veces exhortaba a la gente a cuidar bien su salud. Iba donde fuera necesario para atender a un enfermo. En un par de semanas que pasó en Chirinos visitando caseríos en forma radial, la madre Goya consiguió hacerme temblar. Yo nunca había tenido especial miedo al contagio. Nunca hice problema de esto. Ni cuando estuve en Fontilles, ni cuando estuve en el mes de hospital en tercera probación en un sanatorio antituberculoso. Trataba a los enfermos como si tal cosa. Sin embargo, en aquella visita a Chirinos, sabía yo que había una tremenda epidemia de verruga peruana que había ocasionado no pocas muertes por una amplia zona. La madre Goya, que había atendido innumerables enfermos, podría decirnos muchas cosas sobre esto y de los medios tan escasos con que tuvo que desenvolverse. Poca ayuda recibió de las autoridades centrales, aunque los médicos hicieron acto de presencia y en algo ayudaron, el caso es que el Área de Salud de Jaén contaba con muy pocos medios y la gente, sobre todo los forasteros, seguían muriendo o quedando deshechos por esta enfermedad. Yo me había encontrado con enfermos que la padecían o la habían padecido en mis correrías. El catequista de La Tranca, a cinco horas de Chirinos, era uno de ellos. Me recibió cadavérico en una de mis visitas anuales. El caso es que anuncié a la madre Goya mis deseos de visitar un caserío cuyo nombre he olvidado:

—Usted no va a ir a este caserío –me dijo violenta e imperiosamente– y si va, tiene que ser después de la fiesta de Chirinos, pues no queremos pasarla sin padre en la fiesta.

—¿Por qué no quiere usted que vaya?

—Porque es uno de los focos donde la verruga peruana está causando más estragos. Apenas si hay una persona que no la tenga o no la haya pasado. Ha habido allí muchos muertos.

—Motivo de más para que reciban cuanto antes la visita de un sacerdote –dije mientras un estremecimiento de verdadero terror me recorría de arriba abajo. Yo era ya otro hombre. La madre Goya me dirigió una mirada desafiante y exclamó:

—¡Usted no irá a este caserío!

Al día siguiente emprendí la marcha hacia el caserío de la verruga peruana, lleno de una angustia mortal. Llovía intensamente y la niebla, mi desconocimiento del terreno, y tal vez la mala información de alguno de los que pregunté me hicieron perder el camino. Tuve que regresar a Chirinos, y no hubo ya ocasión de hacer aquella visita. Afortunadamente, eran muchos los de allí que fueron a Chirinos.

Chirinos fue siempre un puesto muy difícil. Y no sólo la madre Goya, sino las demás religiosas misioneras de Bérriz que estaban solas en el pueblo trabajaron, los largos años que estuvieron allí, con una entrega y fecundidad muy grandes. Salían además a los pueblos cercanos, cosa que a mí me parecía excesivo para las religiosas, pues estas salidas desgastan mucho. A los sacerdotes que las visitábamos, una vez al mes en la práctica, nos daban maravillosaménte de comer. Hablando de enfermeras, no sería justo dejar de mencionar a la madre Ofita (Ofelia) una anciana religiosa del Sagrado Corazón peruana entregada las veinticuatro horas del día y de la noche a los enfermos y a los pobres. Cuántas visitas, cuántas inyecciones, cuántas limosnas ocupaban la vida de esta buena religiosa.

Me faltaría tiempo para hablar de la labor de las madres de la Selva, del Chiriaco y de Santa María de Nieva, cuya labor como enfermeras conocía solo a través de la radio cuando contaban que había una epidemia de tal cosa en tal sitio o pedían medicinas. Las enfermedades eran innumerables y a las propias había que sumar el sarampión y otras que trajimos los cristianos para las que no estaban los indígenas familiarizados. Pero en la Selva, una enfermedad temible –aparte de las serpientes– es el paludismo que produce unas anemias tremendas que dejan a las personas transparentes como el alabastro, como un aguaruna que vi en el hospital de Inacita de los militares. La variedad «necátor» del microbio del paludismo es el que más víctimas cobra. Quiero terminar con unas palabras en honor de la madre María Servat, la franciscana misionera que me atendió en la clínica de San Felipe en mi primer cólico renal. Todos los días me hacía una visita y me traía los tres periódicos como un obsequio.

—¿No le han dicho lo que tiene? ¡Uy!, ha salvado usted el riñón por un pelo, al llegar aquí estaba bloqueado ya.

El padre Torrijos, con quien se dirigía, le sugirió una vez, que pensara si no sería la voluntad de Dios que pasara a puestos de menos responsabilidad.

—¡Oh! No, padre. Yo, o mandar o morir –le contestó con buen humor.

En los primeros años del gobierno de Velasco había desaparecido un médico de la clínica de San Felipe y la familia estaba desesperada por saber dónde estaba. La madre María tenía gran amistad con el ministro del Interior, general Artola y fue a visitarlo a su casa:

—Madre María —suplicó el General, levantando la voz. Pídame usted lo que quiera, ¡menos el paradero de este doctor que no me está permitido decírselo!

—General Artola, usted me va a decir dónde está este doctor —insistió una y otra vez la madre María. Por fin, el General se rindió. La llevó a una habitación secreta desde donde podía ponerse en contacto con todas las prisiones, jefes, subordinados, etc. Unas horas después, la madre María entraba provista de mantas, víveres y otras cosas facilitadas por la familia del doctor, para entregárselas personalmente.

—¡Alto! No se puede pasar —dijo el centinela colocándose delante de ella.

—¡Quita mocoso!, —respondió la madre María mientras sacaba su pase— que antes de que tú nacieras estaba yo cansada de visitar edificios militares.

Muchas cosas podría contar de las que me contó a mí la madre María en aquellas visitas que nunca olvidaré y muchas cosas más de muchas enfermeras y religiosas que entregan su vida a Dios y a sus hermanos, especialmente a los más marginados. El Espíritu se comunica a todos los que no le resisten. La labor de las religiosas en América Latina es algo de proporciones gigantescas. Cuentan que en el Sínodo de Obispos dedicado a la evangelización, un obispo hizo mención de esta labor y toda la asamblea de obispos encabezada por Pablo VI rompió en un entusiasta aplauso que se prolongó mucho. Me contó esto monseñor Durand, arzobispo entonces del Cuzco y arzobispo-obispo, ahora, del Callao, que estuvo allí. Quisiera sumar, al terminar este capítulo, mi aplauso al de los obispos. En el cielo sabremos lo que debemos a las religiosas.

XIX. «ES UN MAL TANT DOLENT L'ENYORAMENT»

Mi padre ha tenido una gran personalidad. A su prestigio profesional extraordinario juntaba muchas aficiones, algunas de las cuales nos dejó a nosotros. Le gustaba navegar a la vela en bates de unos seis metros, arte que dominaba con maestría. Le gustaba la contemplación del cielo tanto a simple vista como con los telescopios que nos construía. ¡Cuántas noches de verano pasábamos con él sentados bajo el cielo estrellado mientras nos iba enseñando los nombres de las estrellas y constelaciones con interesantes consideraciones sobre las mismas! Le gustaba la pintura y mis hermanos y hermanas conservan hermosos cuadros suyos al óleo. Le gustaba de un modo especial la música. Wagneriano decidido, sabía gustar, como pocos, los rincones y matices más sutiles de las óperas del músico alemán. De pequeño, le oí cantar no pocas veces acompañado al piano por mi madre, hermosas canciones, ya sean de ópera alemana, ya algún *lied* o famosas canciones italianas como *Ideale*. Tocaba el violín acompañado por mi madre, y componía sardanas, algunas de ellas muy inspiradas. Tocaba, además, el piano y la guitarra y le gustaba la zarzuela, sobre todo, *Los sobrinos del capitán Grant*. Su gusto por la música seria abarcaba toda la historia de la música, lo mismo gustaba a Bach o a Vivaldi que a Debussy o Stravinsky o a Respighi. De joven había practicado mucho la guitarra y tan pronto cantaba canciones del folklore latinoamericano, sobre todo cubanas, como del folklore catalán. Mis abuelos paternos eran los dos de Santiago de Cuba. Una de las canciones que cantaba mi padre acompañándose de la guitarra, sobre todo a sus amistades alemanas cuando estudió en el país de las nieblas, era una que decía: *es un mal tan dolent l'anyorament* («es un mal tan doloroso la nostalgia de la propia tierra», podríamos traducir). Esta canción y una deliciosa composición de Kreisler, tocada al violín por él mismo, llamada *Torturas de amor*, o algo parecido, son las que tengo en mi mente al comenzar a escribir sobre este tema. Porque voy a hablar de la tremenda nostalgia que acomete a los misioneros cuando se ven obligados a dejar su campo de trabajo. Suele ser una ley general. La experiencia de muchas personas con quienes he tratado me ha enseñado esto, sea por sus confidencias, sea por sus gestos y modo de actuar. Sean varones religiosos, sacerdotes o religiosas, trabajen en la Selva o en la Sierra o en ambientes de la ciudad donde se trata realmente de un trabajo de misión, sea que lo dejen por enfermedad, por avanzada edad, por ir a otro destino donde son más necesarios, sea por disposición más o menos comprensible de los superiores, el lugar donde se han trabajado tantos años no se abandona sin un especial dolor que atraviesa al corazón.

Este fenómeno me recordó muchas veces los casos que había leído en las novelas –he leído tal vez demasiadas– de los militares europeos que sentían la atracción o llamada del desierto, o de los marinos que sentían la nostalgia del mar. Aunque hay que reconocer que esta atracción un tanto romántica, se da, por lo menos hoy, más bien en las novelas que en la realidad. Son muchos más los que sienten deseos de dejar ya de navegar y llevar una vida más humana en la ciudad aunque hayan sido competentes marinos. Lo mismo creo que se puede decir de muchos prestigiosos militares. Y no se lo reprocho, ni trato de hacer comparaciones. Sólo constato el hecho como de pasada. Me limitaré a transcribir algunas frases tipo:

—Padre, cuando me hicieron dejar la Selva fue muy doloroso para mí –me confiaba una religiosa que había realizado en la Selva un hermoso trabajo durante varios años.

—El dejar la misión sería muy costoso para mí y muy doloroso –me decía otra religiosa a la que le aconsejaba que cambiara de destino, pues no tenía salud a la altura de sus deseos.

—¿Le costó a usted dejar aquello? ¿Lo echa usted de menos? –pregunté a un sacerdote religioso que había trabajado los años fuertes de su vida en un país latinoamericano, y me contestó:

—Sí, lo echo de menos cuando me acuerdo.

He conocido padres a los que ha costado convencerles de que a los 80 años dejaran un puesto para el que ya no tenían salud, siendo así que podían hacer una gran labor como hicieron en una ciudad, en un confesionario. Otros que, después de una vida de entrega total a la misión, sólo salían de ella derribados por la enfermedad. ¡Podría contar tantas cosas si no vivieran todavía personas que podrían ser identificadas!

—Le pido a Dios fuerza en la oración para abandonar esto como me mandan las superioras –me escribía otra religiosa.

Para qué seguir. Para mí, *l'enyorament* del misionero, varón o mujer, obligado a dejar su campo de trabajo es una ley general. Una cosa es que no se conozca ningún bacilo que lo produzca y otra cosa es que no exista.

—¡Tonterías! –dirán los que nunca han sabido lo que es esto.

—Que se deje de romanticismos y de idealismos –dirá otro. Pero el hecho es que la enfermedad existe y que se quiera o no se quiera, el dolor está ahí. ¿Qué consecuencias saco de ahí? ¿Acaso pretendo negar que hay que saber retirarse a tiempo? No, de ningún modo. Cuando llega el tiempo, hay que retirarse. Simplemente lo que digo es que una persona que sufre, poco o mucho, merece respeto, un respetuoso silencio; que a nadie hay que retirarle antes de tiempo, esto es, sin causa proporcionada y, finalmente, que se sepa saber leer en esta pena inevitable, tarde o temprano cuando no se muere en la brecha, una huella del Espíritu y de la debilidad humana que se complementan. Por otra parte, esta nostalgia es la cosa más razonable. ¿No le cuesta a un profesional la llegada del momento del retiro? ¿No le cuesta a cualquier persona abandonar a los suyos? Pues todo eso le sucede al misionero al dejar la misión: deja una de las profesiones más hermosas como es establecer la Iglesia sólidamente donde todavía no lo está y deja a los suyos. Pablo VI, en *Evangelii Nuntiandi* exhorta a los evangelizadores a amar al mundo, y ¿qué es ese mundo que hay que amar para salvarlo sino los hombres, personas con quienes uno convive, desde la religiosa que te trata como una madre o una hermana, hasta el borracho más degenerado o el profesor marxista que te crea problemas?

Y todas estas cosas que uno va amando cada vez más, poco a poco, sin darse cuenta, forman una soldadura que resulta, cuando llega el momento, doloroso el romper. Hay, además de todo eso, otras razones de un tipo más natural y menos elevado, pero que en sí no son malas. En misiones suele ejercitarse mucho la responsabilidad. No sólo se obedece, sino que también se manda. Hay muchas personas que dependen de uno, dispone uno de muchas cosas, y uno es estimado y brilla. Está el goce regio de la acción y el maravilloso despliegue de las relaciones humanas. La misión es como una gran familia y uno, sin proponérselo, se encuentra formando parte de ella, enterándose de lo que le pasa a tal sacerdote compañero, o a tal religiosa o tal hermano y sabiendo que hay mucha gente curiosa de saber y comentar lo que le pasa a uno. Todo este mundillo de relaciones entre personas de la misma familia misionera, alejadas a veces más de un centenar de kilómetros, no es sino una manifestación, pálida por cierto, del Cuerpo Místico de Cristo. Lo humano se mezcla con lo divino. Y todo esto cuesta dejar.

Esta es la cosa. He señalado primero el fenómeno y he dado luego la explicación que se me ocurre sobre el mismo. Sea lo que fuere, el hecho es que es una regla general –que tendrá sus excepciones– que el dejar la misión produce un trauma doloroso.

Con todo, esto no es cosa grave, pues forma parte de la misma vocación misionera. No va a ser para siempre. Si una viuda queda desconsolada a la muerte de su esposo, esto no significa que se trate de un matrimonio fracasado. Al contrario, su desconsuelo indica que ha sido un matrimonio feliz. Por otra parte, todo lo que es dolor por hacer lo que Dios quiere, o dolor permitido por Dios, es cosa que purifica. Y pocas cosas hay en esta vida que consideremos menos necesarias y que nos lo sean más que la purificación. ¡Que médico más maravilloso es Dios cuando purifica! ¡Y cómo nos resistimos a esta purificación! Hacemos y decimos como San Pedro: «¡Jamás me lavarás tú a mí los pies!» Y sin embargo, no son sólo los pies, sino las manos y la cabeza y todo lo que necesita purificación. Cuanto más nos purifica Dios, más parte tenemos con Jesucristo. A un connovicio mío, que pasaba una tribulación que a mí me hubiera hecho temblar, le había dicho un padre viejo, muy conocedor de las almas, para animarle:

—Con eso, Dios le purificará.

—No me interesa que me purifiquen –me decía el pobre a mí.

Y le interesara o no, fue purificado y se fue convirtiendo en otro hombre del que era antes. Estas cosas, desde fuera, se ven mejor.

Otra ventaja de ser arrancado de la misión es que uno se hace más humano y sabe comprender más a los demás y todo lo que hay de fracaso, roturas dolorosas y frustración en sus vidas. Y a nosotros los sacerdotes nos conviene ser humanos. Quede, pues, sentado que el dejar la misión suele ser doloroso. Más o menos según los casos y las personas. Quede sentado también que esto forma parte de la vocación misionera. Y que, al misionero, tarde o temprano, le conviene ser arrancado de la misión.

Y a mí, ¿me sucedió también algo de esto? Ciertamente. ¿Por qué había de ser yo una excepción? Mi vida en la misión, como la de tantos, ha sido muy azarosa. Con muchas idas y venidas. Muchas veces, tanto que no puedo contarlas, al viajar para Lima en el ómnibus fijaba mi mirada en los lugares conocidos que abandonaba queriéndolos como beber con la vista, convencido de que seguramente no volvería a contemplarlos más. La última vez que hice este viaje tenía la esperanza de que iba a regresar y, sin embargo, casi seguro que no podré regresar jamás. Lo que me excluyó de la misión fue algo repentino e inesperado: un dolor agudo en el vientre estando en Lima que me hizo revolcar por el suelo. Era un cólico renal. Fue el primer eslabón de una larga cadena de enfermedades. Primero semanas, luego meses, luego años. La enfermedad es una de las formas más claras de conocer la voluntad de Dios.

El padre Rodes, en su genial obra de divulgación *El firmamento,* termina uno de sus capítulos diciendo que aunque los grandes telescopios proporcionan goces inestimables al contemplar las maravillas del cielo, si él dispusiera de una sola noche para disfrutar de la contemplación del cielo elegiría gastarla en la contemplación del cielo estrellado en una noche serena. Lo mismo sucede en el apostolado misionero. En la vida de la Iglesia, hay una serie de actividades apostólicas, todas ellas fecundas y necesarias, que no se pueden abandonar, la educación de la juventud, las universidades, el apostolado intelectual, la teología, etc., etc. Pero en lo que a mí respecta, si Dios me concediera unos años más para servirle, eligiendo yo el género de vida en que hacerlo, elegiría el género de vida que llevé en la misión en aquellos años venturosos en que llegué a Pucará. El presentimiento cierto de que esto no ha de suceder no me produce ninguna amargura. Mientras que el recordar que he estado allí me hace sentir feliz. Eso es algo que nadie me puede quitar.

En realidad, el misionero que se siente –inevitablemente– abatido al dejar la misión es que plantea mal el problema. Es Chesterton, a propósito del cuento de la Cenicienta, quien da la verdadera clave del problema. Cuando a la Cenicienta le dice su hada protectora que debe abandonar el baile antes de las doce de la noche, la pregunta correcta no es: «¿Por qué no puedo quedarme después de las doce?», sino que es: «¿Por qué puedo quedarme hasta las doce?» Esto me recuerda aquellas palabras tan hermosas de Jesucristo antes de la resurrección de Lázaro, en que dice que las horas del día son doce, que conviene caminar mientras es de día y que luego viene la noche en la que ya no se puede caminar. Esta es la gracia que tengo que agradecerle a Dios, si es que han llegado para mí las doce de la noche de mi vida en la misión. Mientras he tenido luz he caminado. Es mucho lo que Dios me ha permitido y hecho caminar. No tengo por qué desear seguir después de las doce de la noche.

XX. EL SEMINARIO
DE SAN LUIS GONZAGA

Cuando llegué a la misión, había un seminario menor en Bellavista. Su rector era el padre Carlos Purón, ayudado de varios padres y hermanos. Más de una vez gocé de su hospitalidad. Cuando el prefecto apostólico pedía al padre provincial más personal para el seminario, a muchos nos parecía mal. Cuando no podíamos con la enorme extensión que teníamos a nuestro cargo, nos parecía que, cuando se tratara de refuerzos había que pensar en nosotros, no en el seminario. Nosotros pensábamos en el presente y monseñor Hornedo en el futuro. Y el futuro le dio la razón. El seminario era uno de sus proyectos que más le ilusionaba. Y cuando se presentaba la ocasión, nos enseñaba los terrenos del nuevo seminario, cuyas obras estaban comenzando, en el cerro del Huito, a seis kilómetros de Jaén.

Aún no estaban terminadas las obras cuando Monseñor ordenó tres cosas: el traslado del seminario menor al nuevo seminario, la instalación provisional de la comunidad de madres clarisas que Monseñor había traído de España y la inauguración del nuevo seminario a la cual asistieron muchas autoridades con sus respectivas esposas, profesores y profesoras de Jaén. Me parece que estoy presente aún en la misa que concelebramos con Monseñor y que oigo los cantos que cantábamos con los fieles: «Día y noche…»

La idea de Monseñor, al traer a la comunidad de clarisas, no era otra que tener una orden contemplativa que orara por las vocaciones y por el seminario. En realidad, estas religiosas hicieron mucho más, pues ayudadas por el hermano coadjutor destinado a la administración del seminario preparaban la comida, lavaban la ropa y hacían otras muchas cosas materiales más para el bien de todos. Los frutos de su contemplación sólo los conoce bien Dios. El hecho es que, desde que ellas llegaron, el seminario comenzó a ir viento en popa –no sin dificultades que nunca pueden faltar– y ellas mismas comenzaron a tener vocaciones nativas. Recuerdo, en el día de la inauguración del seminario, la estupefacción de las señoras de la alta sociedad de Jaén al entrar dentro de lo que iba a ser la clausura. No les cabía en la cabeza y las edificaba notablemente que media docena de mujeres, aun jóvenes la mayoría, se fueran a encerrar allí de por vida. Este fue, según parece, el primer fruto de las clarisas.

En cuanto el seminario contó con cuatro o cinco filósofos, Monseñor me invito dar unas clases de cosmología. Decliné la invitación y me lo tuvo que mandar, pues a mí me parecía que dar aquellas clases era dejar abandonados a los fieles de cuya atención el mismo Monseñor me había encargado. Quitando uno de mis alumnos cuyo nombre –por mala suerte– he olvidado, que murió trágicamente en un accidente de carretera cayendo al río, los demás son ya sacerdotes. El accidente a que me refiero fue realmente muy doloroso para todos y no hubiera sucedido sino en un país de un relieve tan accidentado como es el Perú. Para evitar el accidente que preveía, el muchacho saltó fuera de la camioneta y cayó al río sobre una roca, en el fondo de un abismo impresionante. Mucho costó rescatar el cadáver y darle cristiana sepultura.

Cuando más adelante tuve que dejar la misión, fue precisamente, gracias al seminario, que pude volver. Los años que estuve en Lima, en la parroquia de San Pedro, confesaba mucho en las mañanas y tenía las tardes libres. Le pedí ocupación al padre Ignacio Muguiro, que era el superior y me sugirió que hiciera el doctorado en teología. Él mismo me recomendó al padre Juan Gutiérrez, un joven y fervoroso padre del Espíritu Santo que me dirigió y presentó la tesis con bondad y paciencia. Era un tomista decidido, admirador de su profesor en Friburgo el padre Honorato Nicolas O.P., pero, a pesar de esto, aceptó que yo, en mi tesis, estudiara dos teólogos jesuitas tan distanciados por el tiempo como Martínez de Ripalda y Karl Rahner. Una vez doctor, el seminario reclamó mis servicios y esto me permitió pasar, a veces medio año y a veces un año entero en la misión, volviendo a visitar mis antiguos pueblos y caseríos y otros nuevos. Cuando esto sucedió, el seminario era ya otra cosa. Además de los seminaristas menores, contaba con más de setenta seminaristas mayores procedentes de siete territorios eclesiásticos del Perú: el nuestro, Piura, de donde había un nutrido grupo, algunos de Chiclayo, Chachapoyas, Yurimaguas,

Madre de Dios, San Ramón, etc. Muchos de estos seminaristas a los que enseñé filosofía y teología son hoy ya sacerdotes. (Pienso que el padre Guallart debe reconocer honradamente su derrota y reconocer que los nativos nos entienden por lo menos algo, esto es, lo suficiente para poder ser ordenados de sacerdotes). El hecho es que el seminario del Huito se ganó pronto la confianza de no pocos obispos peruanos.

Nuestros muchachos recibían una formación espiritual. No sólo participaban en la eucaristía todos los días sino que rezaban a coro laudes y vísperas y tenían su tiempo para la oración mental y el rosario. No les faltaba dirección espiritual a los que la deseaban, dejándoles en esto gran libertad. Tenían todos los días suficientes horas de deporte y jugaban unos partidos de fútbol a los que muchas veces asistíamos nosotros también, sobre todo en los campeonatos en que la Selva, la Costa y la Sierra se enfrentaban unos con otros. El que dirigía las actividades de los seminaristas era el padre Fernando Ponce de León. De él partió la idea de que los seminaristas tuvieran cada día un tiempo dedicado a trabajos de campo para no perder el contacto con él. Sin negar el mérito y la originalidad de esta idea, yo no la compartía. Pienso, más bien, que lo que necesitaba la Iglesia y los fieles eran eclesiásticos que lo fueran íntegramente: hombres de estudio (que era lo que más les costaba), de oración y algo humanistas. En esto, el padre Ponce fue uno de los que más impulso dio a esta formación humanista tan necesaria, aunque no sea estrictamente obligatoria en los programas de los estudios eclesiásticos. Mucho se empeñó en que esta formación fuera la mejor posible. Admiré su abnegación con que el padre Ponce, dejándonos a nosotros las materias de más brillo, arremetía con las materias más modestas de esta formación humanista. Usaba tanto el Miranda Podadera como los libros más elevados del padre Alonso Schökel para la formación del estilo. Se trataba de que los seminaristas aprendieran a expresarse con soltura en su propia lengua. E incluso se procuraba enseñar algo de latín. El padre Ponce no se desanimaba por lo laborioso de su trabajo. Algunos alumnos llegaron a tanta altura que sabían incluso lo que es la sinalefa, cosa que salió una vez en la conversación entre los padres y resultó que, fuera de dos, nadie recordaba lo que es la sinalefa. Por el contrario, había casos desesperados. Por ejemplo, el de aquel seminarista que, después de seguir al padre Muguiro todo el cursillo en el que desfiló todo el arte y literatura griega de varios siglos, le preguntó: «¿O sea, padre, que todo lo que estamos viendo ahora pertenece a la Odisea?»

En el seminario, la comunidad estaba muy unida, a pesar o tal vez debido en parte a nuestras discusiones. En pocas partes he disfrutado de una comunidad religiosa como en los años en que estuve el seminario. Uno de los momentos más jugosos de la jornada eran las partidas de dominó por las noches. El padre Soto las tomaba muy en serio. Me parece que le estoy viendo, sentado sobre tres almohadones para poder dominar mejor el juego –no digo ver las fichas del contrario porque no consta–, alargando su cuello como un buitre para clavar su mirada en el tablero como para arrancarle su secreto. Hacía pausas llenas de tensión antes de decidir una jugada como si dependiera de ella la buena marcha del cosmos. A diferencia mía, el padre Soto es un experto jugador. Lo eran casi todos, aunque nadie tomaba la cosa tan en serio como él.

En el seminario, tuve la satisfacción de enseñar durante cinco años filosofía y teología a los seminaristas mayores. La falta de libros y apuntes buenos eran el principal problema. Yo lo solucioné traduciendo los apuntes de teología que se daban en la Gregoriana, y los libros de filosofía de la BAC que estudié yo, que eran, en general, muy buenos libros. Lo único que había que hacer era simplificar, quitando demasiadas cosas elevadas, inútiles o ya superadas. Salían así unos apuntes muy aceptables a los que añadía unas preguntas al final que resumían lo principal. «No te olvides de poner en la crítica la tesis *Certitudo quando que necessaria est quando que libera...*» −me advertía Muguiro. Efectivamente, es una tesis fundamental que muchos teólogos y filósofos de prestigio dan la impresión de ignorar. En el seminario reinaba un sano ambiente de familia que influía también en el estilo de los exámenes, los cuales, sin embargo, revestían todo el aire dramático de un examen escrito, aire dramático que es universal. Entre vigilar a los alumnos del ICAI en un examen de termodinámica o vigilar a mis teólogos en un examen de escatología, no apreciaba gran diferencia.

Los seminaristas salían los sábados y domingos de catequesis y se distribuían en binas o ternas por los principales pueblos y caseríos de alrededor. La camioneta de la casa hacía dos viajes para llevarlos y otros dos para recogerlos. Me hice especialmente amigo del hermano Bruno Ibar, un italiano de Cerdeña que dominaba la contabilidad y la administración. Cuando le dieron otro destino realmente lo sentí. Nos metíamos mucho con él en los recreos, y el seguía la broma con especial sentido del humor.

Uno de los días más grandes del seminario fue la ordenación de cuatro sacerdotes y un diácono, en nuestra catedral de Jaén, en la que concelebramos con nuestro obispo, monseñor Augusto Vargas, S.J. Eran los primeros sacerdotes nativos que iban a trabajar en la misión. Volví a revivir las gratas emociones de mi ordenación sacerdotal −sentí especial consuelo en imponer las manos a los que habían sido mis alumnos−. Al año siguiente fue ordenado el seminarista ya diácono Walter Prieto, mientras otros eran promovidos al diaconado. Walter era un seminarista de gran personalidad, que gozaba de especial estimación entre sus compañeros. Natural de Chiclayo, había venido para quedarse en el vicariato. Era hombre de muchas relaciones humanas y de gran caridad. A la ordenación precedió en la víspera una fiesta de familia. Fue una fiesta simpática en la que abundaron los cantos, las presentaciones escénicas de los alumnos, los juegos de manos, etc. Acababa yo de llegar agotado de Colasay; tres horas caminando a pie hasta llegar a la carretera general, tres horas de pie en una camioneta hasta Jaén, sin contar las horas de espera en la carretera, y como colofón, la subida al Huito desde Jaén que era hora y media larga. Casi no me tenía en pie y estaba pensando en coger la cama:

—Tenemos ahora la despedida a Walter −me dijo Muguiro después de cenar− pero tú no asistas que vienes agotado.

—Tratándose de Walter, asistiré –contesté.

El padre Muguiro, como rector del seminario tomó al final la palabra poniendo en su despedida todo el corazón. Todo su discurso se podría resumir en estas palabras que pronunció al final: «Te echaremos mucho de menos, Walter». Los seminaristas empezaron a pedir que saliera al escenario ahora un padre, después otro. Hasta Ponce, que se resistía, tuvo que salir, aunque sólo fuera para decir con humor que salía con mucho gusto y como no tenía nada especial que decir no decía nada. Una calurosa ovación acogió esta declaración tan breve. Lo mismo sucedió con el padre Soto que se extendió en las máximas que había inculcado durante varios años en sus clases, comentándolas ahora en plan jocoso. No tardó mucho en meterse conmigo:

—El padre Carreras, que toque el violín.

Me hice el sordo, pero no me valió:

—¿Tienes tu violín aquí? –me preguntó Muguiro sonriente y persuasivo.

—Todo sea por Walter –dije y me dirigí a buscar el violín.

Minutos después me coloqué el violín bajo la barbilla sujetándolo con el hombro en posición. Tomé el arco con la derecha y se cumplió aquello de Virgilio: *Conticuere omnes intentique ora tenebant* («Todos guardaron silencio mirando con atención»).

Me hubiera gustado saber tocar la apertura de Melusina de la que escribió Mason en *Las Cuatro Plumas* en forma tan expresiva pero, a falta de eso, me despaché suficientemente bien con la «Danza de los Espíritus

Bienaventurados» de *Ifigenia,* de Glück. Esperaba que el efecto del *pizzicatto* iba a caer bien como de hecho sucedió:

—¡Otra pieza!, ¡otra pieza!» –comenzó a corear el público.

No recuerdo qué otra cosa les toqué, tal vez la serenata de un cuarteto de Haydn muy conocido. Lo que sí recuerdo es que, para poner pronto punto final a mi actuación, escogí una pieza para que, sin decírselo, la corearan todos: la *Canción de cuna* de Brahms, que era al mismo tiempo una invitación a que nos fuéramos pronto a dormir. Efectivamente, el público se arrancó y casi todos la tatarearon. Así fue fácil pasar a otra cosa. Jamás he tocado el violín tan cansado, ni con tanto gusto como aquella noche.

Un día más memorable todavía fue aquel en que recibimos la visita del nuncio apostólico monseñor Mario Tagliaferri. Llegó en la mañana, de Jaén, acompañado con nuestro obispo, monseñor Augusto Vargas. Concelebramos con ellos. Las clarisas ocupaban su balcón detrás de las rejas y los bancos de los seminaristas estaban todos llenos. Entonaron bonitos cantos.

—¡Señor!, me has mirado a los ojos... Junto a ti cruzaré otro mar.

Las peticiones de los fieles revistieron una solemnidad especial. Un sacerdote joven hizo una petición legítima, ciertamente, pero un tanto audaz:

—Para que en este seminario no penetren nunca ni la política ni el secularismo. Roguemos al Señor.

Nadie le había mencionado estos temas ni estas palabras. El hecho de que las pronunciara indicaba vivamente una preocupación personal que no desentonaba de la situación general de América Latina. Después de la misa, el Nuncio habló a los seminaristas. Fui el único padre que me quedé con ellos. Todos almorzamos en el comedor de los seminaristas, y éstos dedicaron al Nuncio una alegre academia. Después de hablar con el superior, el Nuncio se volvió a Jaén con el obispo dejándonos a todos gozosos de la visita:

—¡Ay! Qué contento me siento después de esta visita del Nuncio –me decía un padre insigne que en nuestra curia de Roma se había rozado con altas personalidades.

Esta visita del Nuncio no fue solamente en un plano puramente espiritual, sino que fue también en defensa de la justicia. Efectivamente, había un largo pleito entre los vecinos de los caseríos de Tablón y de Perico. Estos, que eran gente brava procedente de Ayabaca (Piura) habían defendido sus derechos incluso contra la Guardia Civil hacía más de un año, o tal vez algo menos. En una de estas escaramuzas la Guardia Civil o alguien de Tablón disparó y un vecino de Perico quedó agonizando entre los dos bandos. El catequista de Perico se arrastró y se llegó al moribundo ayudándole a bien morir. El juez de Lambayeque acababa de fallar en favor de los de Tablón. Los de Perico estaban dispuestos a acatar el fallo. Por lo menos, no constaba lo contrario. Pero no se les dio tiempo para ello. Una noche, una compañía de «sinchis» (Guardia Civil especializada) al mando de un comandante apareció en Perico y comenzó a sacar hombres y mujeres de las casas arrancándoles del caserío para llevarlos a la cárcel. Entre ellos iba una mujer con su niño de pecho. Un hombre intentó huir y lo mataron de un disparo que le entró por la espalda mientras iba por la carretera. Se negaron a entregar el cadáver. Nuestro obispo se personó en el cuartel de la Guardia Civil y conminó al comandante a que pusiera a la joven madre en libertad pues él respondía por ella. Le afeó su injusta actuación y le aseguró que la cosa iba a llegar al consejo de ministros. Efectivamente, monseñor Vargas escribió a dos ministros amigos suyos. Enterado el Nuncio del asunto, ofreció hablar de él al presidente Belaúnde. Luego fueron él y el obispo a celebrar una misa en Perico por el alma de la víctima. Toda la población asistió a esta misa y acompañaron al Nuncio y al obispo hasta la carretera cantando: «Perdona a tu pueblo, Señor, perdona a tu pueblo, perdónale Señor». La cosa llegó hasta el Congreso y se abrió un expediente al juez de Lambayeque –si no recuerdo mal– y al comandante de los sinchis. Esta es la noticia que llegó hasta mí aunque no la pude comprobar.

El Nuncio le dijo a nuestro provincial que nuestro seminario era el mejor del Perú. Naturalmente, en el contexto, no hay que tomar estas palabras al pie de la letra. Pero significaban, ciertamente, que el seminario le había causado una impresión excelente. Estas palabras del señor Nuncio nos animaron a todos en nuestro modesto trabajo.

No puedo menos de recordar que en el seminario he pasado ratos magníficos y de gran gozo espiritual. ¡Seminario de San Luis Gonzaga!, no volveré a pisar tu suelo, pero si me olvidare de ti, olvídeme también de mi mano derecha.

EPÍLOGO

Comencé a escribir estas memorias con un propósito que no se ha cumplido. Pretendí hacer una colección de conversaciones de sobremesa y lo que en realidad ha salido no sé, a punto fijo, lo que es. He cometido varias desviaciones: me he encumbrado demasiado, y en vez de limitarme a describir y a narrar, me he subido no pocas veces a la tesis dando más doctrina de la cuenta. Me he dejado llevar por el protagonismo, también más de la cuenta. En lo escrito brilla demasiado el «yo», «me», «mí», «conmigo», etc.

En resumen, mi impresión después de haber escrito todo eso es que me podía haber ahorrado este trabajo y que lo mejor sería romperlo todo. Sin embargo..., algo que no sé explicar me impide también romperlo. Y alguien que las leyó me rogó que no las rompiera. Según esta persona tenían el valor de un recuerdo de familia. Tal vez éste sea su carácter. Como esas fotografías de tiempos pasados que se guardan en un cajón o un álbum para durar más o menos tiempo y seguir al final la suerte de todo lo humano. Ciertamente, tarde o temprano, estas páginas están destinadas a desaparecer. Pero muchas cosas de las que en ellas se cuentan perdurarán para siempre.

Este libro, *Memorias de un misionero jesuita en Pucará*,
se terminó de imprimir el 21 de junio de 2024,
festividad de San Luis Gonzaga.